Fernando Savater
PLATONOVA ŠKOLA

Sadržaj

Prolog 9

Prvi deo
OKOLNOSTI
Muzej 13
Sala 16
Slika 20
Slikar 23
Interludijum 29

Drugi deo
GOVORE UČENICI
Šta kaže Klinija 35
Šta kaže Adejmant 38
Šta kaže Fedar 41
Šta kaže Megil 45
Šta kaže Dionizije 49
Šta kaže Aristotel 53
Šta kaže Fileb 56
Šta kaže Eutidem 60
Šta kaže Agaton 63
Šta kaže Hermija 66
Šta kaže Fedon 69
Šta kaže Speusip 73

Epilog 77

Beleška o piscu 79

Za Frederika Amata: Anch'io son' pittore!

Prolog

Čitava knjiga o jednoj jedinoj slici stvar je preterana, pa makar i slika bila ogromna, a knjiga kratka. Posao otežava moje temeljno neznanje po pitanju istorije umetnosti i moje odbacivanje *estetičke* proze: nikada nisam imao volje da čitam „tehničku" kritiku neke izložbe slika, a četiri-pet tekstova koje sam proizveo za kataloge slikara, mojih prijatelja, ubrajaju se u ono najmukotrpnije i najmanje zadovoljavajuće od svega što sam napisao.

Uostalom, ni sa uzbudljivošću umetnosti ne treba preterivati. Doživeo sam veća oduševljenja na hipodromima negoli u muzejima. A obično nema toga što je manje zavodljivo od komentarisanja ili propisivanja pravila. Pošto ja svome čitaocu želim samo najbolje, voleo bih da sam pri sačinjavanju stranica koje slede pronašao nešto nalik na magičnu preciznost Oktavija Pasa kada govori o Ričardu Dadu i mnogima drugim, ili na ljupku maštovitost Žorža Pereka kada govori o *Umetničkoj zbirci*. No, moraće da se zadovolji mojim dobronamernim natezanjima...

Zahvaljujem se Luisu Antoniju de Viljeni za bibliografske podatke o Delvilu, zahvaljujući kojima ovde mogu da se hvalim znanjima koja u stvari i nemam. Što se tiče Sare, moje profesorke estetike, ona se nije zadržala na bibliografijama: sklona praktičnim stvarima, ona se uz mene posvetila upravo svom pozivu, to jest, sve je ulepšavala.

Madrid, 1. juna 1990.

Prvi deo
Okolnosti

Art without imagination is as life without hope.
Cyril Connolly

Muzej

Da li će ikada aerodromi steći makar delić bolne melanholije, delić industrijske elegancije kakvu imaju stare železničke stanice? Na primer, imam utisak da železnička stanica može biti *veličanstvena*, dok aerodrom uspeva samo da bude *ogroman*. Mada će možda vreme, taj „veliki skulptor" o kojem govori Jursenarova, na kraju izmeniti takva epizodična razmišljanja. Pogled koji uputimo ka mestima na kojima još opstaje ono staro nikada nije potpuno jasan: zasenjen je koprenom od suza, kao pogled Mihaila Strogova, koprenom koja ono suštinsko istovremeno štiti i zamagljuje. Što se mene tiče, ja možda i ne poznajem dovoljno aerodroma; pa i one koje poznajem, nikako ne znam baš *odakle* da posmatram. Nesumnjivo na njima postoje prikladno lepe građevine, kao što je terminal TWA na aerodromu Dž. F. Kenedi u Njujorku. Da li im onda nedostaje književni sjaj? Ali to nije razlog da im dobre legende iz fikcije budu tuđe: ako se na jednoj stanici, pod nekim vozom, ubila Ana Karenjina, baš na aerodromu su se rastali Hemfri Bogart i Ingrid Bergman u *Kazablanki*. Primetimo usput da su sva mesta *sa kojih se polazi* na ovaj ili onaj način povezana sa preljubom.

Da sa preljube pređemo na umetnost, jer i ona živi od preke potrebe da usmeri strast, od postojanja jedne konvencionalne norme i od čovekove sklonosti ka jeresi ili promeni. Pored Sene, *la gare d'Orsay* sada je muzej. Sagrađena 1897, uoči Svetske izložbe 1900. u Parizu (čiji je zaštitni znak, sada već zauvek, smela metalna čipka Ajfelove kule) trebalo je da bude pariski terminus za vozove iz Orleana, kojima nije baš bio zgodan položaj stanice Osterlic. Ta zgrada dobila je sve one dodatke u komforu i eleganciji koje je pružao *fin-de-siècle*, budući da je ta stanica bila namenjena prevashodno tome da prima ekspresne putničke vozove, a ne teretne. Sjaj Pariza koji se već nudio kao prestonica novoga veka (smenjujući London, a pre nego što će ustupiti mesto Njujorku) sabrao se u tom nadmenom čudu, odvažno dalekom od svake funkcionalističke strogosti. Arhitekta Viktor Lalu bio je odgovoran za delo u celini, a u njegovom ukrašavanju učestvovali su neki od najuglednijih zvaničnih umetnika toga vremena: Žan-Ig i Žan-Antoan Enžalber, kao vajari, Fernan Kormon kao slikar, Pjer Fritel i Adrijen Moro-Nejre kao tvorci salona u hotelu (koji se nalazio tik uz samu stanicu i imao trista sedamdeset soba koje su gledale na ulicu Belšas i ulicu Lil) itd... Kamen i štukatura služe kao raskošna maska za metalne strukture čija smelost nema šta da pozavidi strukturi čuvene kule.

Pa ipak, velika stanica služila je svojoj svrsi sve manje i manje. Njena isplativost nikada nije bila previše jasna i dolazak novih vremena doprineo je njenoj potpunoj propasti. Ta prelepa odaliska sa oblicima hangara rođena je za raskoš, a ne da služi za korist i zaradu. Trajala je nešto duže nego *belle époque*: godine 1939. velike železničke linije prestale su da tamo okončavaju svoja putovanja. Nije korišćena ni punih četrdeset godina. Tutnjava i opasnosti jednog nemilosrdnog doba koje se smestilo u središte našeg veka pronalazile su za nju raznorazne namene: 1945. bila je sabirni centar za ratne zarobljenike, 1962. poslužila je kao pozornica za *Proces po Orsonu Velsu*... Od sredine šezdesetih godina odlučena je njena sudbina kao muzeja svih umetnosti druge polovine prošlog veka. Slikarstvo i skulptura, svakako, ali i počeci, skoro isto onoliko sugestivni koliko i egzotični, mitova fotografije i filma... Tri poslednja predsednika Republike, Pompidu, Žiskar i Miteran, smenjivali su se u institucionalnom podupiranju tog projekta, završenog pre nešto manje od pet godina.

Valja li, ne valja li? Svaki aspekat te instalacije, od dekorativnih struktura Italijanke Gae Aulenti do mesta na kojem su smešteni impresionisti (avaj, gde je Že de Pom!) izaziva rasprave, oduševljenje ili negodovanje. Ovo poslednje je, mora se primetiti, u rezigniranoj manjini: u broju koji je časopis *Le Deba* posvetio muzeju, među različitim ali jednodušnim izrazima hvale, jedino se izdvajao Klod Levi-Stros, jedan od pojmovnih otaca naše modernosti, pa otuda prema modernostima sve više neprijateljski raspoložen. Samo je iznošenje na videlo inače toliko ruženih *pompier* slikara zaslužilo hvalu buntovnog antropologa. Valja li, ne valja li? Svejedno! U suštini, znamo da je to pitanje zaludno: u Parizu je, i to je dovoljno. Svi moramo otići da ga vidimo, svi ćemo naučiti da nam bude neophodan. Stanica Orse, muzej Orse: tamo bez voznog reda čekaju svi ekspresni vozovi kojima danas putuje savremena, moderna, postmoderna, barokna estetika i sve ono što vam potom bude po volji. Mirni točkovi ljubavi, lepote i krvi među kojima ćemo uzalud tražiti izmučeno telo Ane Karenjine.

Sala

Verujem u savršene kutke. Sa trinaest godina uspeo sam prvi put da dobijem zasebnu sobu, pošto sam prethodnih nekoliko soba delio sa svojom mlađom braćom, blagosloveni bili. Beše to jedina povoljna strana mog izgnanstva u od početka i nepravedno omraženi Madrid, daleko od Konče, Urgulja i neuporedivog blaženstva u San Sebastijanu. Kao i svaka zaista druželjubiva osoba, volim tu prvorazrednu društvenu povlasticu – *prostor samoće*. Imati mesto gde se može biti sam, sa svime onim što čovek voli, znajući da su ostali na dohvat ruke, i slušati ili osećati prijateljski žamor njihovih duša. To je najviše što može pružiti jedna kuća, jedna porodica i jedna zajednica. Imao sam sreće jer mi je ona (kao i onaj drugi vrhunski oblik sreće, karakter) dopustila da upoznam i okusim to uživanje.

Tu prvu potpuno *moju* sobu, koje jedva da se jasno sećam, sanjam s vremena na vreme. Stari pisaći sto, biro (inače krivac što najneprijatnija reč u rečniku, „birokrata", za mene čuva neki prizvuk okrepljujuće ljupkosti) sa tamnoplavom portabl remington pisaćom mašinom koja je bila moja prva mašina; biblioteka prilagođena uglu sobe, na gornjem delu knjige, dole stripovi, a po uglovima razglednice koje sam voleo i figurice koje su služile kao naivni ukrasi; po zidovima zastavice (dekoracija u stilu američkog koledža ili univerziteta, prema sugestiji jednog privatnog učitelja latinskog koga sam ja veoma cenio), reljefna sličica Alhambre koju mi je poklonio otac, poreklom iz Granade, i figure Don Kihota i Sanča od kovanog gvožđa. Nekoliko godina kasnije na pisaći sto sam stavio jednu fotografiju – sa velikom pažnjom zalepljenu na karton – Bertranda Rasela, kome sam ukazao počast u vidu tog prvog od mojih malobrojnih i vrlo trapavih ručnih radova; kada sam pošao na fakultet, upotpunio sam dekoraciju jednim velikim faksimilom neizbežne Pikasove *Gernike*.

Bila je to moja soba. Napolju, u hodniku, čulo se kako prolaze moji roditelji, moja braća, moji baka i deka. S vremena na vreme, neko bi provirio da mi prenese neku poruku, a ja sam osećao ponos što sam u svojoj sobi. Dostupan, ali zaklonjen. Kroz prozor, koji je gledao u jedno unutrašnje dvorište, mogao sam na spratu ispod videti svetla u beležničkoj kancelariji moga oca. Iz jedne od prvih noći koje sam proveo u tom svakidašnje čarobnom ambijentu sećam se kako sam, u mraku, seo na pod u jednom uglu, leđa okrenutih zidu, i kako sam prošaptao sa ustreptalim uživanjem: „Ovde sam. Ovde!" Mnogo kasnije, kada sam već izgubio mnoge osobe i stvari iz toga vremena, doživeo sam nešto slično tokom jednog putovanja u Grčku, u jednom hotelu u Olimpiji: „Ovde sam, spavam u Olimpiji!". Bila je to moja prva soba, ali i moj prvi muzej, prostor koji obuhvata sâmo srce onoga što je *najvrednije*, zbirku nezaboravnih stvari – utoliko više nezaboravnih što su sve tu zajedno završile, jer je svaki predmet svojom blizinom, ali i slučajnošću, divljenjem i radošću, davao sjaj onim drugim.

Kasnije sam tražio i ponekad pronalazio jedva nešto manje drage ekvivalente tog svetog sticaja okolnosti po salama nekoliko muzeja rasutih po svetu. Na primer, čudesna soba sa dinosaurusima u Prirodnjačkom muzeju Smitsonijan u Vašingtonu; ili poneki kutak Nacionalne galerije u Edinburgu, koji ima malu zbirku, ali sastavljenu praktično od sve samih remek-dela; ili unutrašnji vrt sa ribnjakom u njujorškoj Kolekciji Frik, naročito kada se posmatra sa klupe smeštene naspram Stabsovog konja. Ono što apsolutno najviše volim: jedno platno na zidu na ulazu u Nacionalnu galeriju portreta, u Londo-

Sala 17

nu, na kojem se nalaze – poslednji put kada sam posetio englesku prestonicu rekonstrukcija galerije zakinula mi je taj kratkotrajni pogled na raj – portreti Roberta Luisa Stivensona, Kiplinga, Konrada, Rajdera Hagarda, Čestertona i Hilera Beloka (ova poslednja dvojica sede za jednim stočićem, pod pažljivim pogledom Morisa Baringa). Molim vas, to što ima nečega muzejskog u mojim omiljenim mestima ne znači da su sva moja omiljena mesta muzeji: mogao bih pomenuti i krčme, kao što su Mansanilja u Kadisu ili Ka d'Oro u Veneciji, *paddock* na hipodromu u Epsomu i mostić na trgu Gipuskoa u San Sebastijanu. Ali nema smisla dalje nabrajati Arkadije, jer svako i sam zna svoje... ili neće shvatiti ni jednu jedinu reč od ovoga što pišem.

Usudio bih se da uključim i salu sa simbolistima iz muzeja Orse među te povlašćene kutke. Možda mom dobrom raspoloženju prema njoj pogoduje to što je, kada sam je otkrio, bila gotovo prazna. Bilo je to svega nekoliko dana posle otvaranja muzeja. Stajao sam u redu od ranog jutra kako bih ušao u prvom talasu, i uleteo sam okružen bučnom gomilom Japanaca. Svi su jurnuli, kako se i moglo predvideti, ka impresionistima, što je mene povelo (pošto sam se na brzinu poklonio velikom bahanalu Toma Kutira u prizemlju, jer sam uvek bio veoma sklon bahanalijama, naročito kada su naslikane) ka mirnoj zoni na spratu. Lutao sam hodnikom u kojem se nalaze statue najboljeg roda, kipovi Kamij Klodel, Rodena, Aristida Majola i strašni Barijasov *Lovac na krokodile*, koji je kao cela jedna Salgarijeva priča, ali u reljefu. Konačno, neizbežnim slučajem, ušao sam u salu sa simbolistima. Jedva da me je pratio pokoji odvažniji član japanske ekspedicije, već sit Renoara i Monea.

Slikari simbolisti usmerili su svoju umetnost protiv realista i impresionista; kao zaljubljenicima u alegoriju, ideal i sanjarije, možda im najbolje pristaje krilatica koju im je dao Vagner, čija je muzika uticala na većinu njih: „Umetnost počinje tamo gde se završava Život." Ne znam da li bi se oni iznenadili kada bi saznali kako danas – pošto je estetička polemika u kojoj su učestvovali zamenjena drugim polemikama, ne manje dokonim – mnogi od nas koji volimo njihov stil volimo i impresioniste i realiste. Takav je slučaj sa mnom, barem, mada sam oduvek u svemu bio eklektik, priznajem krivicu... U Orseu, sala posvećena simbolistima je dvostruka, jer postoji i jedan mali produžetak iza. Tu je postavljeno ono monumentalno, kao što je lelujava *Vedrina* Anrija Martena ili stameni Bern-Džonsov *Točak sreće*, kao i ono diskretnije: *Sklopljene oči* Odilona Redona, i Karijerov *Pol Verlen*. Pored Gistava Moroa i Arnolda Beklina, razume se. Dva remek-dela: *Letnja noć* Amerikanca Vinsloua Homera, što je jedan od najdirljivijih i najlepših morskih prizora za koje znam, i *Nesrećna žena* Džejmsa Ensora, jedan buržujski enterijer toliko neodređeno turoban i težak, kao najbolji Hičkok. Razume se da je Ensora i drugog velikog belgijskog simbolistu Ferdinanda Knopfa (koji je ovde takođe predstavljen jednim ženskim portretom) posebno mrzeo i voleo Žan Delvil, čija *Platonova škola* zauzima najveći deo zida sa desne strane kad se uđe u salu. Ali baš o toj slici i o njenom autoru hoću da vam pričam u ovoj (lažnoj) monografiji. Da pričam o njima i da ih pustim da pričaju. Nastavimo, dakle.

Slika

Usudio bih se reći da slika odmah privlači pažnju, čak i među onima koji nisu posebno oduševljeni nagim telima mladih muškaraca. Naravno da na nas koji nismo baš imuni na takvu privlačnost ostavlja još jači utisak. Za početak, impresivna je njena veličina, sa kojom se u toj sali takmiči još samo *Mir* Anrija Martena (slika koja je viša, ali kraća). Njena veličina je šest metara i pet santimetara sa dva i šezdeset. Zatim nas zaokuplja grupa velikih figura koje slušaju pažljivo i predano, sve do jedne usklađene u neko dvosmisleno drugarstvo, sa paradoksalno hladnom i *egzaktnom* senzualnošću. Scena je smeštena u krajnje rafiniran vrt, podjednako precizan koliko i idealan, na obali mirne reke (Florans i Žan-Pjer Kamar ga, u knjizi *Le goût d'une époque*, porede sa jednim dekorom Karla Krivelija iz Venecije). U središtu, pod jednim izuvijanim drvetom sa kojeg visi modroljubičasto cveće (možda neka visterija ili, što bi bilo još prikladnije, „Jupiterovo drvo"), sedeća figura bradatog učitelja, ne mnogo starijeg od trideset godina, kad bolje pogledamo ozbiljnog skoro do namrštenosti, odevenog u belu tuniku, koji besedi uz veličanstvene kretnje, glasom za koji naslućujemo da je ozbiljan ali ne previše jak. Oko njega, dvanaest nagih ili lako ogrnutih efeba u različitim položajima koji idu od povučenosti pa skoro do lascivnosti. Čitava ta situacija odiše izvesnom elegantnom malaksalošću. Nema žena na vidiku a ne izgleda preterano ni ustvrditi da one nijednome od prisutnih ne nedostaju, čak ni Diotima. Učitelj bi sasvim lako mogao biti

Isus Hristos; njegovih dvanaest lepih slušalaca teško bismo mogli pobrkati sa dvanaest apostola.

Belgijski simbolista Žan Delvil, o kome ćemo kasnije opširno govoriti, naslikao je tu *extravaganzu* 1898., kada je imao trideset jednu godinu. Svoj rad je ostvario u Rimu, tokom četvorogodišnjeg boravka u italijanskoj prestonici, nadahnut složenim, istovremeno paganskim i hrišćanskim naslagama u večitom gradu. Kako se čini, pokušao je da pomiri hrišćanstvo sa Platonovom filozofijom, kao što su to pre njega pokušali Sveti Avgustin, Marsilio Fićino i drugi slavni sinkretičari. Ali rezultat koji je dobijen nije poučan ni sa stanovišta vere, niti iz humanističke perspektive: postoji nešto opsceno u toj slici (u svoj toj prefinjenoj eleganciji) pa čak i nešto svetogrdno (u svoj toj vedrini koja ne dozvoljava da se pretpostavi bilo kakva provokativna namera). Dekadentna je, svakako, ali je pre svega *morbidna*. Sentimentalno morbidna, senzualno morbidna i intelektualno morbidna. Kao takva, uznemirava nas i podstiče nas na pitanje, na svakovrsne pretpostavke. Da li to ovaj hibridni majstor daje lekciju iz uzvišenog idealizma ili nudi neke niske pouke kojima je cilj da kvare? Da li su lepi učenici svesni iskušenja koje je predstavljeno koliko njihovim držanjem, toliko i njihovim *deshabillé*? Uzvišena nevinost ili užasna razuzdanost? Da li je učitelj imun na tolike čari ili uživa do te mere u njima da se pravi da ih ne primećuje kako bi još više naglasio poverenje sa kojim se one pokazuju? Da li scena kojoj prisustvujemo predstavlja deo redovnog mudračevog kursa, pripremu za orgiju ili zabavu koja joj sledi u mamurno jutro? Da li smo u Edenu ili u Sibaridi, pored Ilisa ili na obalama Kapue? I ono što najviše od svega uznemirava sa simboličke tačke gledišta: beli paun u gornjem levom uglu slike. Prema Huan-Eduardu Sirlotu (u njegovom *Rečniku simbola*), ova ptica može predstavljati totalitet, neiskvarljivu dušu i besmrtnost. Njena neuobičajena bela boja kao da nas upućuje u tom pravcu. Ernst Epli, u *Jeziku snova*, tvrdi da sanjati paunove – kao i fenikse –

predstavlja onirički izraz „svetlosnog postojanja". Ali radi toga paun mora na svom raširenom repu pokazivati veselo šarenilo koje nedostaje ovom dostojanstvenom albinu... Drugi pisci rasprava, međutim, shvataju pauna kao amblem senzualnosti i lascivnog mekuštva. Ta ptica, previše nadmena i preterano bleda, amblem nadmoćnosti duše, ali možda i obećanje nekog samrtnički bledog prostituisanja tela, sažima u svojoj mirnoći čitavu paradoksalnu tajnu ove slike. Ona pokazuje sve i ne objašnjava ništa: možda u konačnom zbiru prikazuje samo Platonovu blagoglagoljivu taštinu...

Slikar

Jednom prilikom sam govorio o tananom uživanju u tome da se bude dobar *večito drugi*. U čemu bilo: na filmu, u književnosti, u plastičnim umetnostima, u politici, pa i u ljubavi. Večito drugi ne samo što je obično simpatičniji i ostavlja jači utisak od vođe, nego često postaje i nezamenljiviji. Nasuprot tome, to da protagonisti nikada ne smeju da omanu poznata je i prihvaćena stvar, ali to da oni ne bi bili praktično ništa bez onih koji ih najumešnije slede jeste stvar koja – kada se jednom ustanovi – postaje uočljivija. Usled zaborava ili neuspeha *libido excellendi*, sudbina onih večito drugih postaje nežnije ljudska od svih, a ta je uloga najzahvalnija, jer pronaći delotvornost u podređivanju u krajnjem zbiru sadrži lekciju na kojoj treba biti veoma zahvalan. Izvanredno je melanholično i slavno biti *minorni* pesnik, ili najiskrenija prijateljica sujetne protagonistkinje, ili diskretni ljubavnik one koja uprkos svemu „mnogo voli svoga muža", ili izgubiti za dužinu glave derbi na kojem smo dali ono najbolje što smo nosili u sebi sve do poslednjeg skoka!

Na spisku simbolističkih slikara – koji se nekima od nas čini izvanredno privlačnim – Žan Delvil neosporno zauzima sasvim drugorazredno mesto. Ali to nikako nije mesto koje zaslužuje prezir. Tokom svog dugog života (rodio se u Luvenu 1867. a umro kod Brisela 1953.) bavio se, kako perom tako i kistom, jednim ratobornim simbolizmom, skoro bismo mogli reći preteranim koliko je bio paradigmatičan. U teoriji i u praksi je s predanošću, s neumornim poletom, a često i sa umećem, negovao sve manirističke *tikove* jednog pokreta kojem je, barem u Belgiji, on sam doprineo da bude definisan i da dobije kičmu. Bio je čitalac Barbe D'Orvijia, prijatelj Vilijea de L'Il-Adama i učenik Žozefena Peladana. Možda ova poslednja veza zaslužuje najveću pažnju.

Lik Žozefena Peladana dovoljno je slikovit da bi zauzeo mnogo više prostora od onoga koji ovde možemo da mu ustupimo. Sam je sebi prisvojio nerazumljivu titulu „Sar" (što je možda neka fantastična verzija engleskog „ser"?) i kao Sar Peladan zadovoljno se šetao po svetu. To njegovo zadovoljstvo nisam ja izmislio, pošto mu se pripisuje sledeća kategorizacija ljudske vrste: „Muškarci su rođeni da bi radili, žene da bi se smejale i plakale, a mi, malobrojni, da se sa osmehom šetamo pred svima njima." Kao esteta i likovni kritičar, ovako je sročio svoj idearijum: „Verujem u Ideal, u Tradiciju i u Hijerarhiju." To nije bilo previše popularno trojstvo u vreme kasnog impresionizma, malo pre nego što će Apoliner lansirati prve kubiste, kada Marineti priprema svoje futurističke manifeste... Peladan je napisao nekih dvadesetak šarolikih romana, od kojih je prvi (zahvaljujući podsticajnom naslovu, *Vrhunski porok*, i predgovoru Barbe D'Orvijia) imao uspeh koji ponovno čitanje u ovom trenutku teško uspeva da opravda. U svom probitačnom predgovoru Barbe izjavljuje kako je Peladan obdaren osobinama najomraženijim u to prozaično doba: „aristokratičnošću, katolicizmom i originalnošću". To su crte koje je nesumnjivo delio sa Uismansom, čije se znamenito delo *Nasuprot* takođe pojavilo 1884., kada i *Vrhunski porok*.

Osim poprilične slave, *Vrhunski porok* doneo je Saru Peladanu i vezu sa jednim vatrenim čitaocem, poznatim okultistom (znam da izgleda protivrečno biti obe te stvari istovremeno, ali nalazimo se u jednom carstvu tajanstva) Stanislasom de Gvaitaom. Njih dvojica su rešili da ožive vrlo zagonetni Red Ružinog Krsta, koji je, otkako ga je Kristijan Rozenkrojc (kome neki pripisuju, pored ostalih nedostataka, i taj da nikada nije postojao, što retko kad predstavlja nedostatak) osnovao u XV veku, bio donekle neodređen. Žao mi je što ne mogu da zalazim u detalje o ezoterijskim dogodovštinama tandema Gvaita – Peladan, koje uključuju i nekromantski rat protiv Uismansa i jednog adepta crne magije, njegovog prijatelja Opata Bulana, kao i razne sukobe i rascepe između te dvojice okultista. Možda je najslavniji trenutak te sage putovanje u Svetu Zemlju tokom kojeg je Peladan otkrio pravi grob Isusa Hrista u džamiji u Omaru (bezbožna sredstva informisanja iz toga doba jedva da su i zabeležila ovaj pronalazak). Ali nas sada najviše zanima to da je, zahvaljujući novčanoj pomoći jednog adepta milionera – grofa Antoana de la Rošfukoa – Sar Peladan mogao da otvori svoj sopstveni Salon Rozenkrojcera u galerijama Diran-Rijel, jednako suprotstavljen zvaničnom realizmu kao i impresionistima. Prva od tih izložbi održana je 1892. i ponavljala se sledećih godina, dokle je trajao Peladanov uticaj i La Rošfukoov novac.

Kako sam njegov programski spis kaže, cilj Salona Ružinog Krsta sastojao se u tome da „razori realizam, reformiše latinski ukus i da stvori jednu idealističku školu u umetnosti". Uprkos tome što nisu imali nameru da nametnu bilo koji drugi pravac osim „lepote, plemenitosti i lirizma" (večito ta famozna trojstva!) strogo su zabranjivali brojne teme iz slikarstva, makar one bile realizovane sa vrhunskim majstorstvom: neće dakle biti prihvaćene slike u kojima budu obrađivane istorijske, patriotske ili vojne teme, niti predstave odvratnog svakodnevnog života (javnog ili privatnog), ni pejzaži, ni morski prizori (sa ili bez mornara), niti humorističke stvari, ni domaće životinje, ni sportovi, ni cveće ili mrtve prirode, itd... Preporučivala se, naprotiv, usredsređenost na sve ono što se tiče Mita, Alegorije, Sna, Parafraze velike Poezije, orijentalne teogonije (osim onih koje imaju veze sa žutim rasama, pretpostavljam iz razloga sličnog onima koji su naveli *Detection Club* iz Londona da u svojih deset zapovesti savršenog detektivskog romana zabrani uključivanje tajanstvenih Kineza), itd... Sa tim pravilnikom, Sar Peladan nije uspeo da privuče u svoj Salon dvojicu savremenika kojima se najviše divio, Gistava Moroa i Pivija de Šavana, te je morao da se zadovolji drugima, od mnogo manjeg ugleda, među kojima je od samoga početka, pun mladalačkog oduševljenja, bio i naš Žan Delvil.

U to vreme je Žan Delvil već imao sopstveni *curriculum* u službi jedne umetnosti koja nije bila zagađena niskošću i pozitivizmom XIX veka. Kao pesnik, objavljivao je sonete u slobodnom stihu u simbolističkom časopisu *La Wallonie*, koji je uređivao Albert Mokel, i bio je prijatelj većine članova pokreta *Jeune Belgique*. Pisao je i ezoterijska dela koja su otkrivala njegovo zanimanje za Kabalu, Magiju i Hermetizam. Ako smo prethodno uz pohvale pomenuli naslov prvog Peladanovog romana, *Vrhunski porok*, sada ne bi bilo pravo izostaviti oduševljeno nabrajanje nekih naslova koje dugujemo Delvilu: *Velika okultna hijerarhija*, *Mesijanski ideal*, ili onaj koji mi je posebno drag, *Sfinginа jeza*. Svoju slikarsku aktivnost započeo je 1885. sa grupom *L'Essor*. Kasnije je osnovao, sa Melerijem i Fabrijem, kružok *Pour l'Art*, kao i Salon idealističke umetnosti, čija je namena bila da podstiče umetnički preporod u Belgiji u skladu sa kriterijumima veoma sličnim kriterijumima Sar Peladana. Nema dakle ničega čudnog u tome što se, kada se u Briselu susreo sa rozenkrojcerskim vođom, tu odmah izrodila uzajamna ljubav. I to tolika da je Delvil otišao da živi u Parizu i pokorno se predao okultizmu i tajnom idealu, učestvujući u rozenkrojcerskim Salonima godine 1892., '93., '94. i '95. Kasnije je opet nastavio ezoterijsko-apostolski posao u Briselu, obnavljajući svoj Salon idealističke umetnosti, koji je polagao prava – mada ukazujući na razlike – na rozenkrojcere i na engleske prerafaelite. Početkom sledećeg veka seli se u Glazgov, gde će živeti sedam godina i postati upravnik škole Lepih umetnosti. Po povratku iz Škotske, pa sve do penzionisanja 1937. godine, bio je profesor na Akademiji lepih umetnosti u Briselu.

Kao učitelj, izgleda je bio zahtevan i nametao svoju volju; tokom mnogo godina, važni belgijski umetnici koji su bili njegovi učenici sećali su se njegovog skoro proročkog zanosa, potpomognutog razmetljivošću njegove čarobnjačke kabanice i njegove biblijske brade (što je možda izanđala kopija Platona sa slike koja služi kao središnja tema ove knjižice). Umro je 1953., u osamdeset i šestoj godini, preživevši dva svetska rata i mnogo nemilosrdnih umetničkih bitaka. Nikada nije izgubio žar za estetske ideale koji su vodili njegov život, pun stvaralaštva i alhemije.

Žan Delvil bio je, skoro do parodije, epigon simbolističke škole kojoj se predao od rane mladosti i telom i dušom. Ništa nije tako korisno kao čitanje njegovih umetničkih manifesta, pristojno razmetljivih i patetičnih, zarad ocenjivanja dogmi za koje je vezao svoje slikarstvo i svoju poeziju: „Umetničko delo je *znak*, prolazni reprezentativni znak jedne neprolazne ideje, jednog besmrtnog osećanja... Idealističko delo je ono koje usklađuje tri velike Reči Života: Prirodno, Ljudsko i Božansko." Protiv svojih savremenika različitih uverenja pokazuje dar polemičara koji ne treba nimalo potcenjivati: „Nedostojni prizori koje nam serviraju Ensori, Monei, Serai, Gogeni, koji se, pod izgovorom jedne slobodne estetike, usuđuju da urame i najveća bunila stvorena od ostataka raspadanja iz svojih ateljea, uz aplauze onih najglupljih i najvećih snobova." Sirotog Džefa Lamboa, umetnika kojeg nemam čast da poznajem, naziva „vaginalnim mozgom, falusnom dušom, kopulatornom imaginacijom... đavolskim pipačem trbuha". Priznajem da dobijam želju da potražim reprodukcije svih Lamboa koje se mogu naći. Bilo bi, međutim, pogrešno u celini prezreti Delvilovo slikarstvo zbog njegovih visokoparnih estetskih pouka. Ne dostigavši visoko sugestivni nivo svoga sunarodnika Ferdinanda Knopfa i uprkos tome što se povremeno previše držao na tragu Gistava Moroa, Delvil je moćan slikar, sa nadahnućem čija čulnost ne zaostaje za tradicijom koja ide od Mikelanđela do Rodena, ali uz poneku primesu ekstravagancije koja najavljuje Dalija. U njegovom delu *Bogočovek* gomilaju se iščašena i zgrčena tela pred turobnim prizorom jednog azijatskog Hrista, okupanog onim mesečevim bledilom koje ovaj umetnik toliko voli, a njegova vedrina pojačava uznemirenost pred klanicom koja mu služi kao postolje. Fransin-Kler Legran ga proglašava „virtuozom užasa" (*Le symbolisme en Belgique*) i hvali njegovu sklonost ka đavolskom koju pokazuje i u slikama kao što su *Duh odnosi pobedu nad materijom* ili *Idol izopačenosti*.

Ali možda su komadi na kojima je njegova ornamentalna precioznost na Moroov način najbolje sažeta, njegova dva prikaza odsečenih glava. U *Orfeju*, glava božanskog pesnika i mučenika se upisuje u žice njegove sopstvene lire, nad morem u sumrak. Sama njegova supruga poslužila mu je kao model za taj vedar i dvosmislen lik. U *Kraju jednog carstva* dželatova ruka za dugu kosu steže mučeničku glavu jedne vizantijske carice, još ukrašenu raskošnom krunom koju je odsecanje glave nekim čudom poštedelo. To su lica jezive vedrine koja nas teraju da se sa strahom i sa željom sećamo prezrenih tela što su ih ostavila za sobom. Slikar je zapisao: „Ljudska glava sačinjena je u skladu sa ritmom planetarnih zakona; privlačna je i zrači, i na njoj se, s druge strane, astralni uticaj ispoljava u potpunosti. Nema razlike između mreža privlačnosti između planeta i zračenja nervnih tkiva." Iza tih ezoterijskih pojmova proročanskog misticizma nazire se, nevidljiva i nema, senka gubilišta.

Interludijum

Ja znam da po telu misli hodaju bose.

Felisberto Ernandes

Zamislimo sliku na kojoj su još upražnjena mesta njenih likova. Tu je samo pejzaž. Ne, još bolje, dekor. Drvo u cvatu, reka u dnu. I beli paun, koji je već stigao. U tom grčkom vrtu, blago nemogućem, u prvim večernjim satima.

Ulazi Platon, seda, prepušta se dokolici. Mladići još nisu stigli, ponekad malo kasne. Platon pomišlja kako bi morao početi da misli. Nikada ne sprema predavanja unapred za taj dan. Misli dok govori, onako kako govori, precizno i snažno. Prema svom načelu, želi dijalog, ali mrzi da ga prekidaju. Nikada to ne pokazuje. Dok njegov sagovornik sriče svoju sumnju ili svoju primedbu, on nastavlja da razmišlja bez prekida, skoro čujno, kao mačka koja prigušeno prede.

Ali moćni mehanizam još nije stavljen u pokret. Platon pušta da mu se po glavi motaju hiljade stvari, kao kad čovek pusti dete da štapićem uzburka mirnu vodu u ribnjaku. I on je bio mladić koji odlazi da sluša druge. Naročito starog Sokrata, tako strogog, tako neumoljivog. Mada je Sokrat najčešće odbijao da drži besede i predavanja: sav je bio u pitanjima, pitanjima i zlobi, pitanjima i sjajnim očima koje te motre, uvlače te u to. Svaki potrbuške i svi ismejani. Ali, posle? Platon uzdiše: prošla je uvek nepredvidljiva mladost. Sada se on potvrđuje u umeću držanja besede. I ne voli da ga prekidaju, mada zbog toga ne propušta da odgovori na svako pitanje.

Mladići... Sad se seća one noći. Davne noći na gozbi kada se govorilo o ljubavi i kada je Alkibijad došao pobedonosno pijan, s dugom znojnom kosom u koju su bile upletene ljubičice. Diotimina čarolija, Aristofanova istančana retorika, Sokratove šale i njegove oči u kojima je bilo nečega još nedokučivijeg nego što je to nežnost teturavog Alkibijada. Već je umro, Alkibijad. Upleo se u političke spletke, odasvud je morao da beži i skončao je u zasedi što mu je postaviše neprijatelji, koji na njega poslaše strelca ubicu. Pričaju da je one noći pre nego što je umro sanjao da je nepokretan, potpuno pasivan, odeven u ženu. Neke providne ruke bojile su mu gustim slojevima lice, oči. Davana su mnoga predskazivačka objašnjenja tog čudnog sna, u koja Platon nema poverenja. Pita se naprotiv nije li, probudivši se iz tog sna, u zbrci među javom i međ' snom, u zoru, Alkibijad imao priliku da se seti jakog zadaha vina i tananog mirisa ljubičica nakvašenih znojem one daleke atinske noći, kada je ispovedio svoju ljubav prema Sokratu pred horom zrelih podsmešljivaca i mladih zaluđenika. Senka, jedva čujna škripa koja para tišinu... Zatim iznenadno buđenje, užurbano bekstvo, strela ubice, kraj mladosti.

Klizeći kroz sećanje na tu nasilnu smrt o kojoj su mu pričali, Platon nailazi na najljuću ranu u svom sećanju: Diona. I on je umro u jednoj borbi, mada uzvišenijoj, patriotski opravdanijoj od Alkibijadovih spletki. Pa ipak... ponovo taj bol. Ne bi li ga ublažio, premeće po glavi – kretanje grnčarskog točka, prilježnost lončara – posmrtni epigram koji sprema za svog prijatelja: „Suze su bile ustupak Hada u kolevci Hekubi i ostalim trojanskim ženama. Ali ti, Dione, već beše sagradio spomenik od plemenitih dela kad bogovi raspršiše obećanja tvojih uspeha na zemlji". „Obećanja" ili „nade"? Avaj, kakav bol. Kakvo poniženje, takođe patiti zbog smrti lepoga i hrabroga, koji nije spoznao propadanje.

Već stižu mladići. Pejzaž se puni, dekor dobija smisao, slika se upotpunjava. Platon u mislima uobličava kraj posmrtne pohvale: „Ležiš sada, u prostranoj zemlji svojih otaca, slave te i dive ti se svi građani." Učenici sedaju, ima ih dvanaest, koliko i bogova (koji god bio njihov broj, grčkih bogova uvek mora biti dvanaest kada se svi okupe) i predavanje počinje bez prethodnog iskašljavanja: „Istinska Lepota je večna, nepromenljiva, idealna. Odvojena je od materije i ne umire. Međutim, materija nevešto pokušava da joj podražava, da je za trenutak ugrabi u našem svetu prolaznosti i patnje. Tako neka tela, koja obično nazivamo lepim..." Ti, Dione, koji si ludom ljubavlju natopio moje grudi.

Drugi deo

Govore učenici

> Pij vina, nesrećni ljubavniče,
> I Brom, skoroteča zaborava,
> umiriće tvoj plamen ljubavi prema dečacima.
> Pij, jer čaša puna čistoga vina
> udaljiće iz tvoga srca taj surovi bol.
>
> *Meleagar*

Šta kaže Klinija

Ako me pitate šta osećam za Platona, moj najiskreniji odgovor moraće da vas razočara. Znam šta bi mnogi od mojih drugova odgovorili u tom slučaju: obožavanje, zahvalnost, divljenje, poštovanje, pa čak i oduševljenje. Znam i šta bi sam Platon želeo da osećamo prema njemu: ljubav. Ta reč, u njegovom slučaju, ne podrazumeva nikakav libertinski promiskuitet. U meri u kojoj ljubav pretpostavlja fizičku želju, jedini od nas koji je ljubavnički važan Platonu jeste Agaton i to mi se čini veoma opravdanim, toliko je ljubak taj mladić. Kamo sreće da i ja kroz nekoliko godina pronađem sebi nekoga kao što je on! Ne, ljubav koju Platon proklamuje (bez preterivanja i bez buke, ali uporno) sastoji se u tome da ga svako od nas smatra istovremeno jedinstvenim i blagim, neophodnim i krhkim. Želi da osloni svoj život na to da ga svi mi smatramo za naš središnji oslonac. Kako mu prebacivati zbog toga, kako mu oprostiti.

Nije ljubav ono što osećam prema njemu i nije mi žao: samo bi još to falilo! Ono što on smatra ljubavlju jeste jedan oblik pokoravanja kakav ja jesam – ili tačnije, kakav ću biti – spreman da primim, ali se ne smatram kadrim da ga pružim. Naravno, sposoban sam da ga prilično dobro glumim pa čak i programu njegovih zahteva dodajem neke detalje iz sopstvene žetve u skladu sa onim što njega zanima i što on najviše ceni. Što se tiče one druge ljubavi, telesne, nema sumnje da smo učitelj i ja rođeni pod suprotstavljenim zvezdama. Prošao sam kroz njegovu postelju, razume se, posle mnogo opreznosti sa njegove strane i diskretnog prenemaganja sa moje. Ništa drugo mi ne bi oprostio, od početka se trudio da naglasi svu uzvišenost i inicijaciju koje je podrazumevala naša predstojeća gimnastika. Učinio sam sve što sam mogao da bih izgledao u razumnoj meri nevoljan i naglasio sam svoju nepostojeću sklonost ka sublimnom na pragu jedinog trenutka koji to nikada nije. U nedostatku drugih zasluga, treba priznati da Platon pridaje značaj toj stvari. Bio je uzdrhtao i svaki je pokret, svako milovanje, nabijao implikacijama žrtvovanja. Iz ne previše dostojnih poveravanja saznao sam da sa novima uvek drhti. Barem prvi put, koji je u mom slučaju takođe morao biti i poslednji. Poučno iskustvo, nimalo neprijatno, ali bi ponavljati ga predstavljalo dangubu, pa čak i skrnavljenje.

Ni ljubav ni želja, dakle, niti išta drugo u njegovu slavu niti u znak poštovanja koje mu izgleda ostali ukazuju. Ono što osećam prema Platonu jeste čista čistijata *radoznalost*. Znao sam ja da će izgledati previše razočaravajuće i prosto. Neka niko ne krivi učitelja jer greška, u slučaju da postoji, iako može biti isključivo moja. Ne želim ni da poreknem vrednost teorija koje nam naš učitelj izlaže: suptilne su i začuđujuće, geometrijske ali tople, čak i fantastične. To su dela jednog verbalnog kujundžije koji je i matematičar i pesnik zajedno, koji bi osim toga želeo da bude kralj ili gospodar nekog kralja. To je čudo koje podjarmljuje: čarobnjak *rasuđivačke* čarolije. Osim toga, on je strog ali snažan tumač, čime zamenjuje prijatnost i rasteruje dosadu. Nisam kadar da prosudim da li je njegovo učenje istinsko; u krajnjoj liniji, pretpostavljam da je ono takvo koliko i svako učenje, što će reći – manje-više.

Nijedna njegova reč, međutim, ne budi u meni tako veliko zanimanje kakvo budi čovek koji ih izgovara u ovom trenutku, sedeći u senci svoga omiljenog drveta, dok reka bezbrižno teče. Ko je on? Šta hoće? Kada bih sveo njegov pedagoški napor na taštinu bilo bi to trivijalno, na želju za bogatstvom ili uticajem bilo bi nepravično. Razume se da bi Platon postigao bilo koji od tih ciljeva posvećujući se mnogim drugim aktivnostima, od pozorišta pa do muzike ili politike. Nije se rodio da bi bio drugorazredan niti da bi prošao nezapažen. Razume se da mu se sviđa kada vidi kako je okružen mladićima, ali se podrazumeva i to da se ne predaje hirovitoj opscenosti. Ako nas primiče sebi, to nije zato da bi imao lakši pristup do nas, nego zato da bi nam bolje pokazao barijeru koja nas razdvaja, prepreku koju će veoma mali broj nas, ako iko, uspeti da pređe. Govori li zbog vernosti neodoljivom ubeđenju koje ga obuzima? Međutim, on ume da se nametne ali nije fanatik, i smatram ga previše gordim e da bi po svaku cenu tražio nove sledbenike. Želi li da poboljša grad? Ja bih pre rekao da on sanja o nekom drugom gradu, čija je nužna pretpostavka da ne postoji, i da duboko prezire ovaj u kojem živimo kao i svaki drugi koji bi ljudi mogli organizovati.

I onda? Ne znam. Zagonetka. Verovatno isto toliko i za njega samog koliko i za mene. Dolazim iz večeri u veče da sednem kraj njegovih nogu i više ga gledam nego što ga slušam. Voleo bih da ga *razaberem*. Vaseljena i država koje njega zaokupljaju mene manje zanimaju. Sada podiže levu ruku, blago je zatrese kao da vodi neku melodiju, skuplja prste i spušta pesnicu, bez naglosti, na svoje koleno. Pauza. Počinje iznova.

Šta kaže Adejmant

Nisam upoznao svoga oca. Persijanci su ga ubili kada sam ja imao svega nekoliko meseci, tokom jednog za Atinu slavnog pohoda, pa se još i danas mnogi njegovog imena sećaju s poštovanjem, i uveravaju me da se moram osećati ponosnim na njega. Persijanci? Možda to i nisu bili Persijanci, na kraju krajeva. Možda je poginuo boreći se protiv Spartanaca: čini mi se da su naši poslednji ratovi bili protiv Spartanaca, a ne protiv Persijanaca. Tačno je da veoma loše poznajem skorašnju istoriju ovoga grada. Za mene, istorija predstavlja samo pompeznu potrebu da se bude siroče. Možda su mog neznanog oca pogubila Tridesetorica Tirana ili je poginuo u brodolomu kod Arginusa, ili je njegov dželat bio onaj razbojnik Prokrust kome je Tezej izmerio rebra... Ukratko, šta ja znam! Ono što je važno jeste to što nemam konkretnog muškarca pri ruci koga bih optužio što sam se rodio; majka, ma koliko je ja mrzeo, nije dovoljna kad vas pritisne želja da se stvarno bunite.

Nisam zgodan? Više sam nego zgodan: lep sam. To su mi više puta potvrdili stručnjaci za tu stvar, pa i ja sam, koji se bez sumnje ponešto razumem u to pitanje, mogu to da potvrdim. Nije reč o običnoj sujeti nego o tome da se utvrdi ono što je očigledno: sujeta dolazi *potom*, i ta tema mi je poznata. Lepota mi ne dolazi od majke, siguran sam; u najboljem slučaju dugujem joj svoju plavu kosu i njenu ukovrdžanost. Ništa više. Mama je zgodna ali nije zagonetna, nije nedokučiva, to jest: zgodna je, ali nije lepa. I tako sam ubeđen da ova lepota koja me pritiska potiče od moga oca, odnosno od istorije, odnosno od odsustva. To je neprocenjivo i otrovno nasleđe kojim za sada ne vladam baš najbolje. Izvlačim neku korist, ali i sigurnu propast. Pošto u istinskoj lepoti uvek ima nečega proizvoljnog, zato što je neobjašnjivo, osirotelost se udvaja i pogoršava. Sirot i lep, dvaput sirot. Koliko obaveza u izmišljanju moga života, a koliko malo želje da ih prihvatim, da se pretvorim u sopstvenog roditelja kako bih sam sebe *predstavljao* pred plemenom koje me okružuje u iščekivanju!

I tako sam, ne bih li malo ublažio taj problem, morao da se srodim sa Platonom. Ne mislim da u njemu nađem zamenu za oca niti bilo šta slično: neka bude rečeno u njegovu čast, Platon nije nimalo očinski raspoložen, čak ni u krutom spartanskom smislu te reči. Naprotiv, sama činjenica očinstva, kao ideja, kao obaveza, kao prvobitna *krotiteljka* čoveka, ostaje po strani kada se slušaju njegova predavanja. Upravo u tome se sastoji njegovo učenje: filozofija je opšta teorija sirotanstva. Onome ko ima i želi roditelje nije potrebno (niti, verovatno, i može) da filozofira; ali razmišljanje o odsustvu roditelja, o odbijanju da čovek bude rođen pa prema tome i da rađa, nameće nužnu potrebu za filozofijom. Za naukom o večnom i o jalovom, o onome bez porekla i bez potomstva. Kao brojevi: neka niko ne dolazi među nas ako ne zna matematiku. U tom zahtevu prepoznajem sebe i sa takvom čistotom se poistovećujem.

Ovde smo, okružujemo učitelja kao i svake večeri. Prefinjena pregršt lepih sirotana, pa otuda dvostrukih sirotana. Ništa u nama nije saučesnik ponižavajuće sklonosti ka porodu niti ka svinjskom i cmizdravom poslu koji zaokuplja babice. Mitska zmija večnosti neumorno i beskonačno proždire sopstveni rep. Jedni druge dojimo sopstvenom suštinom, mlekom jalovim ali moćnoga duha. Izašli smo iz utrobne prisnosti pećine, pokidavši lance, i posmatrali smo sunce licem u lice. Sunce siroto kao i svaki od nas, nepodnošljivo i užareno u svojoj lepoti, očajna šifra samoga sebe oduvek, zauvek. U međuvremenu, u tami pećine čovečiji sinovi se privlače i sparuju, brane svoje loze, bore se da na dobrom mestu ostave svoje pretke ili da se domognu dobrog mesta za svoje potomke. Drhtavi plamenovi njihovih veština pomažu im da podnose tamu materice na koju su osuđeni, pa čak i da se njome ponose.

Opasan je pokušaj da ih obavestimo o večnoj spoljašnjosti za koju ne znaju. Nije ni potrebno, čak je i nepravično. Tu leži moja najveća zamerka našem inače besprekornom učitelju. Uprkos tome što nam je svom svojom stvarnom i alegorijskom snagom ispričao Sokratove dogodovštine, kako je od robova primio novac zato što se vratio u pećinu sa ironičnim vestima o oslobođenju, Platon ne želi da se potpuno odrekne svoje misionarske dimenzije. U mojim očima umanjuje ga njegova opsednutost učiteljevanjem, ohola ali u krajnjoj liniji ropska težnja da sirotanstvo stavi na dohvat ruke onima koji sami po sebi nisu ni siroti ni lepi, onima koji to ne bi mogli podneti. Poznajem ga: nepromišljeno bi želeo da umnoži broj izabranih. Od roba koji je zadovoljan što je rob, vezan za svoju rodnu grudu, želeo bi da čuje kako je napamet naučio oslobađajuću tablicu kalkulusa, koji dovodi u vezu sa beskrajem. Ne miri se sa prikladnim izgnanstvom koje nam pripada po prostoj sudbini. Pre ili kasnije, taj aristokrata podleći će iskušenju jednakosti i rastrgnuće ga oni koji se njime koriste.

Iz tog razloga, i ma koliko mi to teško padalo, odlučio sam da ga napustim. Udaljiću se od njega i od moje braće bez očeva. Ne želim da budem tu kada bude počinio grešku koja će ga uniziti: ne bih mogao podneti da ga najpre gledam kao miljenika, zatim kao mučenika. Iz dana u dan prikupljam snage kako bih izveo taj vrhunski napor samoće i strogosti. Sirotanstvo se deli ali se ne saopštava, kako to ne vidi moj učitelj, baš on? U svakom slučaju, moja je odluka doneta. Ako se filozofija ne dovede do svojih krajnjih posledica, pretvara se u sprdnju i slabost goru i od samog mnjenja. Imaću smelosti da se pretvorim u apsolutnog, čistog naučnika. Niko više neće pomilovati moje lice.

Šta kaže Fedar

O, kako prolaze večeri! I kako se divno provodimo ovde zajedno! Voleo bih kada bismo uvek mogli biti kao ovo sad, okupljeni ukraj Ilisa, uz ovu svežinu što se penje sa reke mrseći nam kosu, da slušamo ozbiljni glas našeg dragog Platona, dok paun gleda levo-desno s odmerenošću i dostojanstvom. A ja naslonjen na snažno ali nežno rame prelepog Adejmanta. Baš kao sada. Koliko ja volim Adejmanta! I sve ostale, razume se: Eutidema, Hermiju, Dionizija, Aristotela... Sve bez izuzetka, jer su svi izvanredni, mada povremeno imamo svoje uspone i padove, jer ja nikada neću oprostiti Agatonu ono što se desilo onog dana, pa ni samom Adejmantu ono od prošle nedelje... Ali ne, nema kukumavčenja, to su beznačajne gluposti. Iz čiste ljubavi prema njima, svaka sitnica me jako boli pa postajem zloća. Daj Bože da među nama nikada ne bude ničega zaista ozbiljnog! Da nas nikada ne razdvoji nenaklonost!

Kada nas vidim okupljene ovako kao sada, prilježne, nasmejano ozbiljne, pomislim da smo još uvek deca, i da nam ništa ne preti: niti vreme, niti život. Platonova reč čuva nas od svakog zla, odnosno od svake budućnosti. Dokle god nam on bude govorio, bezbedni smo: mi smo njegovi izabranici. A i mi smo izabrali njega, i posle smo već ostali oslobođeni ostalih mogućnosti. Izvan našeg kruga i dalje će se dešavati stvari, tužna i mučna svakodnevica. Ali mi smo izbavljeni od zelenaškog jarma takvih obaveza. Trenutno? Bojim se da je tako, jao, bojim se da je tako. Pre ili kasnije, domoći će se i nas. Kad mislim na ono što me toliko plaši – a trudim se da na to mislim što je manje moguće, razume se – dođe mi da se rasplačem. Kažu mi da plakanje nad samim sobom nije ni plemenito ni dostojno, ali ja tome ne znam leka. Zašto bi bile prihvatljive suze prolivene zbog gubitka voljenog bića, ali ne i one koje poteku kad razmišljamo kako gubimo društvo samih sebe? Ako Homer ne laže, i junaci su plakali. Kada je najveći od svih, sin Pelejev Ahil, rikao oplakujući Patroklovu smrt, da li je plakao nad mrtvim prijateljem ili nad sopstvenom izgubljenom mladošću, nad uvelom ljubavlju koja više ne može ozeleneti?

Međutim, Platon nas uči da se filozofija sastoji upravo u tome da se ne plače nad onim nad čime ostali plaču. Mudrac se pročistio čak i od sentimentalnosti junaka, koji su na koncu ipak bili mladići i skoro deca u svojim strastima, u svojim izlivima. Kako vidimo, nemoguće je istovremeno razumeti i oplakivati. Ksantipa, sirotica, ridala je dok je Sokrat umirao pun mudrih izreka, pa su naredili da je izvedu iz samrtničke odaje. Ona je bila samo žena, pa prema tome ništa pod milim bogom nije razumela. Svojim učenicima Sokrat je zabranio da plaču. Platon insistira na toj stvari: filozofija je priprema za smrt. Ali Sokrat je već bio star a još odozgo i ružan, kažem to bez namere da ga vređam. Najbolje što je u njemu ostalo bila je njegova duša, koja je, kako izgleda, besmrtna. Tako mu smrt nije mogla oduzeti ništa suštinsko, nego ga je pre vraćala njegovoj najboljoj suštini. Ako je o tome reč, ni ja se ne bojim smrti. Ja ne podnosim starenje, pa čak ni njegovo neizbežno predvorje, zrelost. Kada budem u Sokratovim godinama i kada sebe budem video u ogledalu onakvog kakav je on, neću zadrhtati pred smrću, zacelo: pre ću je poželeti čitavom svojom dušom, dušom koja mi još bude preostala. Ali sada plačem nad onime što imam a što mi izmiče, nad lepotom i sjajem, nad detinjom *lakoćom*. Naročito nad tom lakoćom koja predstavlja istinsku divotu, a koju nam mnogo pre oduzimaju posao i porodična ozbiljnost, nego same bore. Može li duša, ma koliko je besmrtnom zamišljali ili znali da jeste takva, biti laka? Nema lakoće u onome što nema težine, u onome što ne krvari niti luči. Duša je bez težine: jedino telo može biti lako, zato što jedino telo može biti i teško, otežalo. Lakoća je čudo (prolazno, avaj, prolazno) ranjivosti, a ne atribut besmrtnog. Biti lak, kao deca i neodgovorni dečaci ludi od lepote, to znači da nas još nije dohvatila težina vremena i života, kandže budućnosti koje nas stežu bez predaha. Znam, hulim na filozofiju, ali ne mogu ja tu ništa ako hoću da budem iskren: ne želim da budem večan, samo želim da budem mlad.

Nikada o tome nisam pričao sa Platonom. Možda ne bih umeo dobro da se izrazim, a ni za šta na svetu se ne bih usudio da izazovem njegovu mrzovolju. Istina je da se nisam rodio za dijalektičke tančine filozofije. Kad on govori, ja ga slušam, ali se ne uključujem: ne bih bio kadar da uputim smislene zamerke kao što to čini Aristotel, ili skoro nepristojne pošalice, kao Hermija. S druge strane, verujem da me on razume i bez reči, i da me prećutno trpi. Prvi put kada je legao sa mnom (kasnije je to učinio još mnogo puta, mada ne onoliko koliko bih ja želeo) nazvao me je detetom. Znam da je to obična prikladna formula za trenutak nežnosti, ali je za mene bila značajna. Svojom istančanošću odmah je uspeo da mi nađene ime koje mi je najbolje moglo polaskati. Tokom predavanja, u retkim trenucima kada ublažava napetost misli ponekom crtom humora, ima običaj da me nežno začikava: „Zacelo se naš Fedar sada pita... Možda naš Fedar veruje da nije moguće..." Svi me gledaju smejući se i ja malo pocrvenim, ali od zahvalnosti. Svestan je da sam tu.

Meni je dovoljno samo ovo: da me zadržite zauvek (što nikada neće biti zauvek, avaj) među vama. Kad već ne mogu da dodam nikakav genijalan komentar na njegovo učenje, pustite me da služim barem kao ljupki ukras skupa, ures lagan i sladak kao beli paun koji traži naše učeno društvo. Neka moji komentari budu crvenilo i grimase, nežno treptanje. Zar i to nije neophodno kako bi naša zajednička sreća bila savršena? Znate koliko vas sve volim, znate da sve vaše želje, koje znam u prste, jesu i moje želje. U to učeno veče kraj spore reke unosim nešto od tajnih vragolija naših noći udvoje. Zar vas to ne čini malo lakšim, zar se ne osećate još mlađim, dragi moji, kad je kraj vas ustreptala lakoća vašega Fedra?

že li duša, ma koliko je besmrtnom zamišljali ili znali da jeste takva, biti laka? Nema lakoće u onome što nema težine, u onome što ne krvari niti luči. Duša je bez težine: jedino telo može biti lako, zato što jedino telo može biti i teško, otežalo. Lakoća je čudo (prolazno, avaj, prolazno) ranjivosti, a ne atribut besmrtnog. Biti lak, kao deca i neodgovorni dečaci ludi od lepote, to znači da nas još nije dohvatila težina vremena i života, kandže budućnosti koje nas stežu bez predaha. Znam, hulim na filozofiju, ali ne mogu ja tu ništa ako hoću da budem iskren: ne želim da budem večan, samo želim da budem mlad.

Nikada o tome nisam pričao sa Platonom. Možda ne bih umeo dobro da se izrazim, a ni za šta na svetu se ne bih usudio da izazovem njegovu mrzovolju. Istina je da se nisam rodio za dijalektičke tančine filozofije. Kad on govori, ja ga slušam, ali se ne uključujem: ne bih bio kadar da uputim smislene zamerke kao što to čini Aristotel, ili skoro nepristojne pošalice, kao Hermija. S druge strane, verujem da me on razume i bez reči, i da me prećutno trpi. Prvi put kada je legao sa mnom (kasnije je to učinio još mnogo puta, mada ne onoliko koliko bih ja želeo) nazvao me je detetom. Znam da je to obična prikladna formula za trenutak nežnosti, ali je za mene bila značajna. Svojom istančanošću odmah je uspeo da mi nađene ime koje mi je najbolje moglo polaskati. Tokom predavanja, u retkim trenucima kada ublažava napetost misli ponekom crtom humora, ima običaj da me nežno začikava: „Zacelo se naš Fedar sada pita... Možda naš Fedar veruje da nije moguće..." Svi me gledaju smejući se i ja malo pocrvenim, ali od zahvalnosti. Svestan je da sam tu.

Meni je dovoljno samo ovo: da me zadržite zauvek (što nikada neće biti zauvek, avaj) među vama. Kad već ne mogu da dodam nikakav genijalan komentar na njegovo učenje, pustite me da služim barem kao ljupki ukras skupa, ures lagan i sladak kao beli paun koji traži naše učeno društvo. Neka moji komentari budu crvenilo i grimase, nežno treptanje. Zar i to nije neophodno kako bi naša zajednička sreća bila savršena? Znate koliko vas sve volim, znate da sve vaše želje, koje znam u prste, jesu i moje želje. U to učeno veče kraj spore reke unosim nešto od tajnih vragolija naših noći udvoje. Zar vas to ne čini malo lakšim, zar se ne osećate još mlađim, dragi moji, kad je kraj vas ustreptala lakoća vašega Fedra?

Šta kaže Megil

Juče me je grupa prijatelja upitala, pomalo podsmešljivo: „Šta je bilo, ideš li sa nama ili odlaziš Platonu?" Pošto je juče bilo juče, i nismo imali sastanak u Akademiji, rado sam otišao sa njima da plivam i da se zabavljam na reci sve do kasno. Lepo smo se proveli, uvek uživam u njihovom ljubaznom društvu, tako vedrom, tako nasmejanom, tako živahnom. Ali da su mi danas predložili taj izlet, ne bih mogao da idem sa njima. Ni za šta na svetu: danas je jedan od tri dana u nedelji kad se okupljamo da slušamo Platona. Ponekad, kao izazov koji sam sebi upućujem, kažem kako bih baš mogao izostati sa nekog od tih sastanaka – Platon to sigurno ne bi primetio jer sam ja najbeznačajniji od svih slušalaca u grupi – i otići sa prijateljima ili naprosto ostati kod kuće. Na kraju krajeva, nemam nikakvu *obavezu* da prisustvujem niti bi iko pitao za mene niti ispitivao razloge za moje odsustvo. A nije mnogo verovatno ni to da bih propustio neku važnu lekciju, jer Platon ima običaj da iznova i iznova ponavlja ono što izgleda najistaknutije u njegovom učenju. Ono što u ovom trenutku govori, na primer, nešto je što sam od njega već čuo više puta: poznate su mi premise i mogao bih unapred da kažem svaki od zaključaka. Možda danas neće reći ništa novo, ili, ako i kaže, sigurno će to ponoviti i kasnije: u oba slučaja, kažem sebi – iz šale, razume se – ništa mi ne bi škodilo da sam odsustvovao.

No to je naprosto želja da se poigram sa samim sobom, jer previše dobro znam da, dokle god budem mogao, nikada, *nikada* neću izostati sa sastanaka u Akademiji. Tri puta nedeljno, dok to Platon bude želeo, ja sam dobrovoljni rob na tom svetom skupu. Nikada neću izostati, mada nikome nikada ne bih nedostajao. Svoje odsustvo primetio bih samo ja sam, ali to je dovoljno. Prija mi što znam za tu neizbežnu potrebu, osećam se slobodniji kada je potvrdim pošto sam je prethodno doveo u pitanje igrajući se, iz puke potrebe da sam sebe dovedem u iskušenje. Neka mi se smeju koliko hoće oni koji ne znaju preki razlog tog slatkog ropstva. Suočiću se sa njihovim podsmehom i njihovom ljutnjom, makar oni dolazili i od prijatelja čije me društvo toliko uveseljava. Stvarna sloboda ne sastoji se u tome da se čini ono što se obično smatra poželjnim, nego u tome da se svesno služi onome što nam je zaista potrebno.

Moram li to da objašnjavam? Platon me je osvojio jednom jedinom rečju, samo jednom, ali je to bila reč koja je poslužila da me naglas pozove mojim tajnim imenom (imenom koje ni meni samom nije bilo poznato). Prišao sam mu iz radoznalosti i iz dosade, doveli su me drugi koji su ga odranije poznavali i jednoga dana ga zaustavili na ulici. Koračao je žustro, ali je rado zastao, ne pokazujući nestrpljenje. Izmenjali su tričave opaske i spomenuli stvari koje nisam sasvim razumeo, kad Platon odjednom zapita, ne obraćajući se nikome posebno: „A brinete li se o svojoj duši?" Tada sam se ja – mada ne baš stidljiv, ne bejah ništa rekao sve do tada – umešao kao da se baš meni obratio: „Niti poznajem svoju dušu, niti znam šta joj je potrebno". Bila je to iskrenost bez hvalisavosti, jer su reči izletele iz mene pre nego što sam razmislio o njima. A on me je pogledao ozbiljno – čini mi se da me više nikada nije pogledao tako, pravo u oči – kako bi rekao, blago naglašavajući reči: „Pa dođi sutra na naš sastanak kraj Ilisa". Bio sam tamo, naravno, i – osim one večeri kada mi je umrla mati – otada nikada nisam izostao. Mada niti prve večeri, niti bilo koje druge, nisam primetio da Platon na mene obraća posebnu pažnju, ne znam da li mi je to ikada zasmetalo, ali sam mu sada nesumnjivo zahvalan na tome.

Lanac koji me vezuje za Platona jeste ova reč: *duša*. Bio sam najveselije dete što se može zamisliti, nestašno, nežno, koje se moglo oblikovati lako kao neprerađen vosak, savršeno i ljupko sirovo. Kasnije, kao dečak – još uvek sam to, sa objektivne tačke gledišta – ostao sam isto tako podložan uticajima i pun poverenja kao i uvek, najzabavniji u družini, a kada bi Eros započeo svoj posao, i najnestašniji. Ali ponekad bih zatekao sebe kako noću plačem bez ikakvog razloga. Naprotiv, baš plač je bio taj koji me je primoravao da tražim nemire koji bi ga opravdali. Loše zdravlje moje majke, na primer, ili zbunjenost moga oca pred bliskim gubitkom od kojeg neće umeti da se oporavi. Hteo sam da upotrebim svoje suze kako bih oplakao nejasne strahove od sopstvene smrti. Ili sitne, beznačajne nevolje, prepirke koje su me se u stvari veoma malo ticale. Izgovori. Duboko u sebi, uvek sam znao da ni jedan od tih razloga nije izazivao onaj užasan jad tokom noći koji je, malo pomalo, počeo da muti i moju svesnu dnevnu radost, mada je nikada nije potpuno pomutio. Na kraju sam shvatio da plačem od *čuđenja*. Osetio sam kako je čudno što sam ja ja, ovaj ja a ne neki drugi, što je već čudna stvar, teskobno čudna. Tada se pojavio Platon i upitao me da li se valjano brinem o svojoj duši. Pomenuo je do tada prećutkivano ime, onaj zagonetan i hitan posao sa kojim se nisam usuđivao da se suočim. Konačno sam znao za šta da se uhvatim.

Ja sam duša, što će reći, izgnanik. Ja sam zarobljenik ovog slučajnog tela koje mi je udelila sreća, što je ponekad prijatno, a toliko puta ponižavajuće. Snalazim se najbolje što umem, s obzirom na okolnosti koje nisam izabrao, uvredljivo čudne okolnosti koje su me zadesile. Šta želi moje telo – radost, milovanja, nežnost – znam od detinjstva; ali, šta želi moja duša? Šta joj treba? Kakvu brigu od mene traži kroz moje suze i moju nejasnu zbunjenost? Verovao sam da nastanjujem blistavu palatu, a

Platon mi je otkrio ono što je predosećao bez reči i bez upozorenja: da je telo moj grob, da sam živ sahranjen u to telo i njegove mehaničke radosti. Nadam se da će mi on pomoći da se potpuno prepoznam i da će me povesti do moje stvarne otadžbine. Nikada sam ne bih umeo da pronađem put da se oslobodim. Malo-pomalo, *bezlično*, vidim kako kopa tunel razuma koji će mi pomoći da pobegnem iz ovog zatvora. Imao sam sreće što sam ga sreo, mada znam da je posao dug, neizvestan, i zahteva potpunu, očajničku pažnju od mene. Zato ne mogu da izostanem sa časa ni jednog jedinog dana, ali čak i tako...

Šta kaže Dionizije

Od svih nas koji činimo ovu neobičnu grupu pažljivih mladića, bez sumnje ja budim najveće zanimanje kod Platona. Kažem to bez ikakve taštine sa svoje strane, jer nije moja pamet ono čime ja to zanimanje zaslužujem (mada nisam među onima najsporijim, niti moje reči oskudevaju u oštroumlju) kao ni moja lepota (mada se naravno, ni izbliza ne smatram ružnim). Ono što Platona zanima na meni nije nikakav lični talenat niti ljupkost nego jedna puka okolnost, možda okolnost koja najmanje ima veze sa mojim pravim ja. Dakle, ja sam princ. Moj je otac tiranin Sirakuze i sve ukazuje na to da ću, kada mu vino ili ruka nekog zločinca budu došli glave, ja zauzeti njegovo mesto. Ta je slučajnost ono što me ističe među svima u očima učitelja, kako sam primetio po naročitom sjaju koji sam u njima spazio još od onoga dana kada sam mu se predstavio tražeći da me primi u svoju akademiju.

Ranije sam već odbacio sopstvenu taštinu kao razlog za to zanimanje, a sada moram da razvejem bilo kakvu sumnju da se ono javilo usled Platonove. Nema nikoga manje pokornog i manje uslužnog prema velikašima od njega, niko nije manje željan plate niti zadovoljavanja lične ambicije. I pred najvišima i pred najnižima uvek ume da ostane onakav kakav jeste, čist Platon. Ponositost mu je urođena i toliko prirodna da čak i ne vređa onoga ko ga poznaje. Ne bi umeo da se ponizi ni pred kim jer je *video* i to što je video jeste jedina stvar pred kojom se priklanja, ali bez poniženja. Niti demokratsko mnoštvo niti individualnost uglednih ljudi ne ostavljaju na njega preteran utisak. On sledi svoje raspoloženje, ukazujući poštovanje kada je to potrebno, ali uvek čvrst. Prezire onog mamlaza od Diogena, koji se trudi da pljuje na bogataše kako bi sebi pridao važnost. Izazivanje mu izgleda kao još jedna od slabosti pokornih i, kao i skoro uvek, u pravu je.

S druge strane, ni ostrvski grad čiji ću možda biti naslednik nije od preterano velike važnosti. Ima one mane koje ruše ugled Persijskog carstva – odsustvo pravih slobodnih građana najvažnije od svih – ali bez one ogromne teritorije, mnoštva naroda i bogatstava, što Istočnjake čini tako zanimljivim. Pečalna zemlja polurobova, slavni smo samo zato što je u našem amfiteatru jedan orao ispustio kornjaču koju je nosio u kandžama na ćelavu i svetlu glavu Eshilovu, čineći nam čast da pružimo konačište jednom neuporedivom lešu. Teško da bi kraljevska veličina koju predstavljam sama po sebi mogla zaslužiti naklonost jednog Atinjanina, a ponajmanje Platonovu, uprkos mlakom oduševljenju koje oseća prema političkim institucijama svoje otadžbine.

Ne, ono što njega na meni zanima jeste mogućnost da uz moju pomoć ostvari ideju o tome šta bi trebalo da bude pravična vladavina jednim gradom. Ako se o meni brine, to radi kao čovek koji ugađa i namešta instrument na kojem će jednoga dana morati da odsvira lepu melodiju koju je komponovao a koju još niko nije mogao čuti, osim kada bi je on pevušio. Ima nameru da pođe sa mnom u Sirakuzu kada kroz dosta vremena budem morao da se vratim kući; kada budem stigao tamo, strpljivo će raditi kao moj učitelj sve dok ne dođe vreme da preuzmem vlast, a onda će se pretvoriti u nešto na pola puta između mog štićenika i moje političke savesti. Do toga vremena, pretpostavlja da ću ja već skoro biti filozof, to jest, neko ko je *video* pa je otuda iznad prostoga mnjenja, običnih interesa i strasti. Urediću grad u skladu sa pravdom, ne sledeći hir niti težnju za ličnom koristi. Pobrinuću se da svako zauzme mesto koje mu u skladnom skupu pripada, i postaviću na presto razum, otelovljen u mojoj skromnoj ličnosti. Ako mi ponestane snage ili ako se zbunim, zajamčeni su mi saveti najboljeg od svih učitelja. Kroz mene, vladaće Platon; a kroz Platona, vladaće filozofija. Konačno barem jedan grad neće biti prepušten proizvoljno stvaranim savezima, niti lažnoj slobodi koja nastaje iz sukoba predrasuda. Prava Država, taj san zbog kojeg je, kako izgleda, Sokrat bio stavljen na muke, ostvariće se.

Ako taj san bude ostvaren, Sirakuza koju ja poznajem svakako će se mnogo promeniti. Moj dragi otac nije baš filozof i vlada u skladu sa svojom naglošću, deleći, sa nesumnjivom lukavošću, i nagrade i surovosti. Sa njime ljudi nemaju vremena da se dosađuju, jer im život prolazi u uzbuđenju i strahu, u požudi i u uvređenosti, a to su sve prvorazredni podsticaji. Mada je već od nekog vremena obično uvek previše pijan kako bi smišljao originalne smicalice, nikada mu ne nedostaje izazivačkog talenta: moji sunarodnici stalno sa strepnjom pogleduju *naviše*. Ne verujem da će odsustvo takve zabave popraviti njihove bedne živote: morali bi početi da gledaju jedni druge, i prizor tolikih nepopravljivih tričarija ne bi im se dopao, nema sumnje. Što se tiče posmatranja Dobra, Istine i Lepote... pa, ne može svako biti Platon. Na kraju krajeva, ugled vlasti zasniva se na njenoj dokazanoj sposobnosti da *muči* podanike. Mislim da se moj otac bolje razume u politiku nego Platon. Zna šta ljudima treba. Kada bi Sirakužani shvatili šta im sprema filozofija, s razlogom bi osetili pre uznemirenost nego nadu.

Da, dopustiću Platonu da pođe sa mnom u Sirakuzu. Njegovo je društvo zanimljivo i otmeno, što nije lako postići, a ne sprečava me da steknem i neko drugo, čulima prijatnije. Nastaviću da slušam, koliko god bude bilo potrebno, njegova privatna predavanja. Samo jedan princ može sebi da dozvoli raskoš da ima takvog učitelja. Kad moj otac prepukne, zauzeću njegovo mesto i potrudiću se da ne budem ni manje lukav ni manje surov nego stari: jemčim zabavu za sve, jer sam to dužan svojim podanicima. Već primećujem na sebi sve one poroke tirana koji najviše obećavaju, i to naglašene mladalačkom snagom. A pošto će uistinu samo Platon biti nezadovoljan takvim stanjem stvari, moraću da započnem svoju vladavinu pogubivši Platona.

Šta kaže Aristotel

Da vidimo, Platone, šta ti to meni pričaš? Neka pećina u čijoj utrobi se okovani zatočenici zabavljaju varljivim senkama što ih pravi neka vatra koju oni nisu zapalili; kola koja vuku dva vatrena konja, jedan crn a drugi beo, jedan divalj a drugi pitom, a zbunjeni kočijaš mora da ih pomiri; lepa prosjakinja zaspi pred vratima palate gde traje slavlje, u snu je oplodi pripiti mladi princ, zatim bude majka potomka u kojem se nerazmrsivo repliće oskudica i obilje; celovita bića koja je prepolovio božji bes, pa sada neumorno traže da se blagotvorno spoje sa svojom izgubljenom polovinom; ranjeni ratnik, utonuo u san nalik na smrt, posmatra duše pokojnika kako biraju svoju sudbinu u sledećem otelovljenju i svedok je toga da veliki kralj hoće da bude orao ili lav, dok bi onaj ko je juče bio Niko izvinjavajući se zbog toga, najradije konačno, mirno, isto tako bio niko i sutra...

Kuda hoće da nas odvedu te divne priče? Možeš biti siguran da uživam u njima kao svako drugi, i da mi ne izmiču njihove pedagoške implikacije, njihova veličanstvena sposobnost da budu podstrek i da navedu na razmišljanje. Ali priznajem ti da ostajem nezadovoljan, u nekoj jeste-nije zbunjenosti. Ponekad mi se čini da ih ne razumem sasvim, a u drugim prilikama sumnjam da im možda ne pridajem mnogo više značaja nego što imaju, kao brižni roditelji koji velikodušno tumače svako mucanje svoje dece kao izjavu ljubavi ili predskazanje. Možda baš na tome počiva čar podučavanja kroz priče, u slobodi imaginativnih mogućnosti koja se daje slušaocu. Što se mene tiče, mada ponekad volim da maštam, više volim da znam.

Reći ćeš mi da nas pročelje tvoje akademije opominje kako je neophodno poznavanje matematike, najmanje nepreciznog od svih jezika znanja. Mada s vremena na vreme pribegavaš mitovima – bili oni tradicionalni ili baš tvoji – kako bi iskazao svoje učenje, sa najvećom strogošću braniš jasnovidost geometrije bez koje nema prave nauke, nego sve ostaje na pukom mnenju. Ko ne uspe da te sledi po najzagonetnijoj stazi parabola, može se uhvatiti za gimnastičku strogost kalkulusa. Kao što znaš (i žališ zbog toga) još uvek sam manje kadar da se priklonim Euklidu negoli da tumačim Delfe. I tu se gubim: tvoji mitovi pružaju mi previše slika, a tvoji trouglovi i obimi potpuno mi ih isposte. Da ti to kažem oštrije, u jednom slučaju me primoravaš da maštam više nego što mi odgovara, a u drugom si mi dosadniji nego što bih to želeo. Podrazumeva se da ti se, u svakom slučaju, uvek divim.

Neki misle da vide protivrečnost – u tvom i inače zadivljujuće složenom karakteru – u smenjivanju ta dva načina podučavanja. Meni se, naprotiv, čini da se oni suštinski nadopunjuju. U oba su podjednako odsutna dva sastojka koje si besprizivno proterao iz svoje filozofije: *radoznalost* i *vreme*. Počinjem da objašnjavam svoj stav od ovoga drugog. Ni mitovi ni matematika nemaju nikakve veze sa onim što *prolazi*, sa proticanjem: oni prvi se nalaze pre svakog događaja, a ova druga ostaje nepromenljiva po strani od svih njih. Večnost, uvek večnost. U tvojoj misli, sve je predstavljeno onako kako zauvek mora biti, te se zato ništa ne rađa i ništa ne stari. Za druge bi to bila prednost, ali je za mene to ozbiljna zamerka. I zato tu radoznalosti nema mesta, jer se ona budi samo pred onim što dolazi i prolazi, pred onim što zapanjuje svojom nepredvidljivošću, iznenadnošću ili prolaznošću. Ono što je večno može i mora da se obožava, ali samo ono što je privremeno izaziva divljenje. U Idejama čiju uređenu viziju nam prenosiš, objedinjuje se večnost forme i forma večnosti, svagdašnja strogost geometrije i uzvišenost mita. Rast i gubitak jesu titule nesavršenstva koje tvoj autoritet proteruje, zajedno sa pesnicima, iz Idealnog Grada čiji si ti jemac. Dok te slušam, ovde na zemlji, čujem kako u gnezdu pijuče još slepa ptičica koja je upravo probila ljusku, i znam da se polako suši venac od cveća koji mi ukrašava kosu.

Moj će put biti različit od tvoga, Platone. Znam da je smešno i uobraženo ako jedan dečak kao što sam ja, koji još nije napunio osamnaest godina, razgovara sa tobom kao sa sebi ravnim, kao da se sa tobom može porediti. Nije mi to namera: proglašavam te za svog učitelja i poštujem te kao svog učitelja kome dugujem mnogo, a koji meni ne duguje ništa osim moje pažnje. Ti si moj učitelj, da, ali ne i moj *jedini* učitelj. Učim ja i od ptice i od cveća, od zvezda, od promenljive i čudnovate prirode. I prihvatam saglasnost ostalih ljudi, vrline koje oni hvale kod najboljih ili ustanove koje stvaraju kako bi organizovali svoj zajednički život. Ne osećam se kao prognanik iz Idealnog Grada, već se osećam kao usvojeni građanin ulica i trgova ovoga sveta, njegovih šuma i jazbina. Po mome sudu, ideje i teorije su kao aveti Hada koje je posetio Odisej: potrebno im je da piju ljudske krvi kako bi malo dobile na težini i rekle nam štogod. Govorim ti sve ovo bez drskosti i bez prebacivanja, sa kritičkom zahvalnošću. Znaš da sam tvoj najbolji prijatelj, baš zato što te volim malo manje od istine.

Šta kaže Fileb

Ah, kada li će mi se vratiti! U svakom slučaju, nemojte se smejati, jer sam dobio opkladu. Imao sam ga celog, predao mi se i bio moj, *poharao* sam ga. Tri noći i tri dana. Ne možete mi osporiti pobedu, podrugljivci, postigao sam ono što je po vama nemoguće. Prevarili ste se... Na izvestan način, i ja sam, priznajem. Možda sam, dobivši tu opkladu, u suštini izgubio, i to iz korena: izgubio sam se. Nije mi nepoznato da je život takav, zasnovan na paradoksima koji nas prodrmaju iz dremeža, i na čudesnim nadoknadama, kako u uspesima tako i u neuspesima. Nemam ni jedne jedine reči da kažem protiv života, jer mi se sviđa takav kakav jeste. Kockao sam se, dobio sam mnogo, a sa tom pobedom takođe sve gubim. Neka je tako. Ali želim da mi se vrati, da mi ponovo dopusti da napravim od njega roba sada kada je nepovratno moj gospodar.

Sâm sam to tražio, svakako. Poznato je da bogovi zaslepe one koje žele da ponize, a naročito Eros, već i sam napola slep, najnepopustljiviji od svih pred uobraženom samouverenošću oštroumlja. A ja sam verovao da mi je sve vrlo jasno: ništa nije važno osim uživanja. Takvog ste me upoznali, uvek u potrazi za zadovoljstvom, sa prezirom prema svemu onome što se ne može izraziti milovanjem niti prijatnim grčem uzdrhtalog tela. Zato sam se podsmehnuo Platonu kad sam ga video kako prolazi držeći govore svome stadu uobraženih i marljivih mladića. Grehota za te zgodne momke, rekoh na sav glas kako bih ih nasmejao, kakvo gubljenje vremena i strasti kad se tako šetkaju kao starmali paunovi u društvu tog nadmenog ludaka. A u stvari su mogli da ga spuste na kolena da su hteli, umesto da puštaju da on njih iskorišćava. Onda ste odgovorili kako ga svi vole, i tu nema pomoći, jer niko nije mogao odoleti Platonu, a Platon, naprotiv, nije dopuštao da ga bilo ko uhvati. Ni na jednu noć? Ni na jednu noć: on je uvek gospodar ljubavi i udeljuje zadovoljstvo samo kao neki velikodušan dar, kao još jedno od predavanja koje ga ne vezuje niti ga zbunjuje.

Skoro da ste me naljutili. Prebacio sam vam vašu glupost, lakovernost sa kojom ste prihvatali vešto proturan glas koji je taj čudotvorac širio o samom sebi. Ako bi se prema njemu postupalo po svim pravilima zavođenja, to jest, ne sa stidljivim obožavanjem nego sasvim opuštenog tela i strasti, Platon bi morao postati rob želje kao i svako drugi. Tada je na vas došao red da se podsmevate meni: možda sam ja verovao da sam kadar da ostvarim takvo čudo? Ja, koji ništa ne znam o filozofiji niti o brojevima, ja koji ne bih mogao ni pet minuta da vodim razgovor koji bi zasenio tog mudraca? Tvrdio sam, sa ubeđenjem koje vam se moralo učiniti oholim, da ljubavna očaranost nema nikakve veze sa razmišljanjem. Što se mene tiče, uvek sam koristio neke druge čari, i dobro znate da mi nije išlo loše. Sve drskiji, čikali ste me da prihvatim jednu opkladu: dogovor je bio da ja moram da potpuno osvojim i zarobim Platona barem tokom dva dana, tako da ne bude sumnje da je on taj koji se pokorava želji, a ne ja. Zalog koji je trebalo platiti u slučaju neuspeha bilo je izvesno ne previše bolno erotsko poniženje, nedostojno, međutim, jednog živahnog i nimalo pasivnog mladića kakav sam ja, naročito ako se ponovi pet puta uzastopce od strane petorice veselih momaka kakvi ste vi.

Sve je bilo skoro previše lako. Jedan od večito prisutnih na Platonovim sastancima bio je moj prijatelj koji mi je dugovao nekoliko usluga. U njegovom društvu i sa njegovom preporukom, nije mi bilo previše teško da se priključim maloj skupini izabranika. U početku je na mene ostavila izvestan utisak Platonova ozbiljnost, kao i ubedljiv ton njegovih beseda, od kojih, bilo bi dobro odmah to reći, nisam mnogo razabrao. Već sam rekao da nisam filozof, niti me zanima da otkrivam tajne svemira, ali neka me niko ne smatra za glupaka. Bilo je reči o tome da diskretno privučem učiteljevu pažnju, sve dok na kraju ne uspem da ostanem nasamo s njim. Odmah sam odbacio mogućnost nepristojne ponude (koja, s druge strane, obično daje tako dobre rezultate) jer Platon već ima i previše zgodnih i uslužnih momaka oko sebe da bi podlegao prostačkoj nuždi. Ne mislim da je moja privlačnost mala, ali ne verujem ni da sam neodoljiv na prvi pogled: uostalom, moja prava ljupkost pokazuje se *posle*, tako da je prvo i najhitnije bilo da što pre stignem do tog *posle*. Svakoga treba osvajati tamo gde se oseća najsigurniji i najveštiji: u Platonovom slučaju, nema sumnje da je u pitanju reč. Tako sam ja, u onoj bujici reči kojom nas je polivao, upecao jednu ribu, jedinu koja mi nije bila nepoznata, onu koja mi je sigurno bila bliža i draža negoli našem dragom govorniku: čuo sam kako izgovara reč „uživanje", pa ga upitah o uživanju. Ako se ne varam, učitelj je malo zatreptao kada sam se ja po drugi put javio po tom pitanju. Zatim mi je rekao da je to težak problem i da, ako ne uspevam sasvim da razumem, on može nasamo da mi pruži dodatna objašnjenja, kada se bude završio javni čas.

Sijaju vam oči, prasci, ali ne očekujte pojedinosti. Svako ima svoje umeće a, kada se dođe do onoga *posle*, Platon me nema čemu naučiti. Već ste videli rezultat dovoljno jasno da ne bude zlobnih sumnji. Tokom tri dana, a o noćima i da ne govorimo, Akademija je bila zatvorena. Raspust za sve, osim za njega i za mene. Buntovno pitanje uživanja prodiskutovali smo, kunem vam se, do tančina. Da li je gotovo? Gotovo je. Bio je moj, sopstvenim ste očima videli. Što se tiče opklade, isplatio sam dug sa kamatom, i svaki od vas mi duguje poklon koji mi je obećao, i nema izvinjenja. Ostalo vas se ne tiče: ta užasna žeđ koju je pokazao bez prikrivanja, ta čudna usplahirena nežnost, taj jedinstveni i uzvišeni strah kojim me je zarazio. Posle tri dana se oporavio, bez ljutnje ali odlučno. U dubini duše ubeđen sam da meni više nikada neće popustiti; barem ne *meni*. I dalje dolazim na njegove časove, skoro bez ikakve nade. Čedno se dosađujem slušajući priče o onome što ne razumem niti me zanima. Gleda me ispod oka i po svaku cenu izbegava da ponovo ostane nasamo sa mnom. Ne znam kako da mu kažem da više nije reč o opkladi, da čak više nije ni slatko i kobno telo ono što me privlači, nego me zaista zanima da raspravim sa njime to pitanje koje uopšte ne razumem: šta je uživanje, Platone, šta je uživanje?

Šta kaže Eutidem

Da vidimo, samo trenutak, ne tako žurno, molim vas. Filebe, da li bi bio tako ljubazan da mi ponoviš ovo poslednje što je Platon rekao? Pošto je pomenuo da je dušu vaseljene demijurg stvorio pre same vaseljene, pa se tako razliva na sve strane... Ili je stvorena *posle* vaseljene? Nisam dobro čuo, a vidim da nisi ni ti. Dobro, moraću posle da pitam Aristotela, kao i uvek.

Ne želim da vam smetam, znate, ali mi se čini da treba biti što pažljiviji kada se daju podrobna objašnjenja, ako želimo nešto dobro da shvatimo. Kako bismo pravilno sledili neki tok razmišljanja, moramo tačno pratiti svaki korak. Izvinite ako sam malo spor, nije to iz nemara, ulažem ja svu pažnju za koju sam kadar. Svaku Platonovu rečenicu ponavljam u sebi, proveravam je u svom iskustvu, upoređujem sa drugim mišljenjima za koja se sećam da sam od njega čuo, rastavljam je na proste činioce. Vrtim je i premećem kao što mrzovoljna deca jezikom sišu zalogaj koji su im na silu stavili u usta, a ona ne žele da ga progutaju. Kad konačno sažvaćem primljenu misao, skoro sasvim ubeđen da sam uhvatio sav njen sok i domet, učitelj je već daleko odmakao. Promaklo mi je nekoliko ideja, možda neophodnih da bi se potpuno shvatilo ono što sada slušam i što mi se čini proizvoljno, kao da je odjednom ko zna odakle palo. Naravno, to je moj nedostatak, a ne Platonov. Ono što slušam nije nepovezano, nego mi moja sporost krade karike lanca u kojem snaga argumenata počiva na njihovom sledu. Izbezumljeno još jednom pokušavam da shvatim ono što sada slušam, samo zato da bih u međuvremenu propustio učiteljeve sledeće teorijske skokove. Jadan ja, izokrenuo sam Zenonovu basnu! Prava sam kornjača koja pokušava da stigne Ahila...

Ponekad mi pada na um jedna bogohulna pretpostavka: a šta ako se u stvari proizvoljno rešenje kontinuiteta ne duguje sporosti sa kojom primam stvari, nego nedostacima same teorije? Da nisam ja, pošto me najviše zaokupljaju pojedinosti, pošto me je najteže *opseniti*, uočio nedoslednosti koje ostali, u žurbi, iz prevelikog poštovanja prema Platonu ili iz sopstvene taštine, nisu mogli ili nisu hteli da primete? Kad sam već maločas pomenuo očajničku trku između kornjače i Ahila, da joj se i vratimo. Šta ako tajna pobede ne leži u zaprepašćujućoj deljivosti svakog rastojanja, kako je pretpostavio Zenon, niti u zasenjujućoj brzini Ahilovoj, kako veruje naivni posmatrač, nego u tome što putanja koja treba da posluži kao dokaz nije pravolinijska kako je bilo dogovoreno? Ahil može trčati u cik-cak, na primer, ali snagom svoga ugleda ubeđuje kornjaču da je ona ta koja gubi iz vida cilj, a ne da on menja pravac. Ili može ocrtavati krug, vraćati se umesto da ide napred, ali uvek ostajati *ispred* svoje zbunjene i umorne suparnice, pa makar to „ispred" bilo i „iza" sa neke tačke gledišta koja je manje podložna uticajima... Ono što je važno da bi se pobedilo jeste samo ostati i sudija i učesnik trke u kojoj se nadmećete.

Nemojte se ljutiti na mene misleći da stvarno obraćam ozbiljnu pažnju na takve pretpostavke. To je naprosto bunilo, ili izvinjenje koje smišlja lenost, uvek spremna da predloži razloge da prestanemo da se trudimo. Zašto bi Platonu bilo potrebno da smišlja takve zamke kako bi zaglupeo nekoga ko je već po prirodi tako neizlečivo glup kao što sam ja? Pa čak i nekoga tako oštroumnog kao što je Aristotel, ili bilo ko drugi... Problem leži u tome što nijedna reč nije jasna i precizna, sve one kriju ponore. Platon leti iznad njih, jer on pripada carstvu misli, a reči su u njegovoj službi; ali ja se ne usuđujem da se bacim u prazninu, jer se osećam kao sluga reči, podvrgnut i poduprt samo od strane onog dela čvrste stvarnosti koja postoji u svakoj od njih. Pre nego što pođem dalje, moram dugo da ispipavam teren, ispruživši vrhove prstiju, kako bih bio siguran da neću pasti niz liticu koja postoji u svakoj reči. Otuda moja sporost, neoprostiva i tupoglava sporost, kada pratim učitelja. On bi želeo da nas nauči da letimo, a ja mogu samo da koračam, usiljeno i oprezno. Neuhvatljiva senka orla na trenutak padne na sporu kornjaču, ali niti se zadržava onoliko koliko bi to ona želela, niti može da joj pruži trajan zaklon.

U svakom slučaju, nemojte misliti da su moji napori čist gubitak. Nelagodnost, nestrpljenje, ponekad čak i pobuna, da; ali ne i gubitak. Skupljam jedan po jedan dijamant i ljubomorno ga čuvam. Mada naučim malo, malo i zaboravim. Pošto ne znam sasvim tačno otkuda dolaze, niti kuda vode, niti kako se uklapaju jedna u drugu, Platonove misli za mene dobijaju neki poseban sjaj, blistavost svetinje. Pamtim ih i pažljivo ih ponavljam noću, u krevetu, kao što škrtica broji svoje ljubljene novce, koje nije sam skovao i koje nikada neće upotrebiti da bi došao do druge sreće osim te jednostavne strasti. Pošto je proročište već izmišljeno, ja sada najverovatnije izmišljam aforizam. Sada čujem gde kaže: „Manje su kriva deca nego roditelji, manje učenici nego učitelji. Svako mora učiniti sve što može putem vaspitanja, navika i učenja, kako bi pobegao od zla i tragao za dobrim." Nastavlja da priča, ali ja ne mogu da ga pratim jer prethodno moram sa strpljenjem sve to da razumem i da upamtim, razumem i upamtim.

Šta kaže Agaton

Hajde, moram se uzdržati! Jao, omače mi se! Pokriću usta rukom, ili još bolje, sakriću lice iza Eutidemovog vrata, kao da mu nešto šapućem na uvo. Ne mogu više, pucam od smeha! Khm, khm, nakašljaću se malo da se prikrijem. Suze mi idu na oči. Mislim se, možda bi bolje bilo da odem iza žbunja na obali reke, kao da treba da zadovoljim neodložnu potrebu. I stvarno neću morati mnogo da se pretvaram, jer ću se u stvari bukvalno upišati od smeha. Mada, ako ustanem, propustiću zabavu. Ni za šta na svetu, sigurno sad dolazi najbolje. Ama, čujete li vi šta on sad priča? Ovaj će me čovek ubiti svojim govorancijama! A svi tako ozbiljni, zinula im ustašca i bale im cure, kao da je Sokrat sišao s neba u svojoj pseudobožanskoj košari, onako kako ga je Aristofan predstavio! Auu, kakva smejurija! Khm, ništa, idem ja do žbunja. Moram da se nasmejem, ili ću pući!

Kada ne bi bilo mamlaza, svet bi bio negostoljubivo mesto i život bi postao nepodnošljiv. Sad barem rijemo po kaljuzi *komičkog*. Ne „kosmičkog" nego „komičkog". I to je nešto, a nemamo bolji izbor. Budale su so ovoga sveta, zaluđenici i njihovo džilitanje jedina su zabava na programu sad-i-više-nikad velike predstave (prisustvo obavezno) opšteg dosađivanja. To je ona najsitnija bitna razlika za koju znam između nas Atinjana i ostalih ljudi, bili oni Grci ili varvari. Ovde, u Atini, neki od nas su kadri da se smeju toj velikoj farsi. Ostali gunđaju i dahću u njoj, glumataju i valjaju se u patetici, praveći se da su bogznakako ozbiljni. Naravno, čak ni ovde mi nismo u većini. Ali bolje je tako, jer kada bismo većina bili mi, završila bi se predstava. Mislim da je za zabavu jedne pametne osobe potrebno najmanje petstotinak idiota. Namerno smanjujem brojke, a treba imati u vidu da budale brzo prestaju da budu zanimljive i treba ih svako malo zamenjivati...

Tokom izvesnog vremena, za najbolji izvor komičnosti smatrao sam tragediju. Ne želim da potcenjujem Aristofana, tog tipičnog i divnog Atinjanina, ali njegove veličanstvene komade kvari preterano oštroumlje, njihova *namernost*. Nek' priča ko šta hoće, ali tamo gde ima nenamerne smejurije, treba ukinuti šalu. U tom smislu, tragični zapleti predstavljaju veselje u čistom stanju. Uvek se vrte oko likova koji sve uzimaju krajnje ozbiljno, pa stoga i izazivaju, uz najveću moguću blagoglagoljivost i neverovatnost, propast svojih sopstvenih života i života svih onih koji im se približe. Kažem „neverovatnost", ali mislim samo na preterivanja pesnika u sižeima tih dela: u suštini, ona su verni odraz stvarnosti jer se većina ljudskih bića ponaša isto tako obnevidelo od uobraženosti. Razlika između Medeje ili Ajaksa i ljudi sa kojima se srećemo na agori samo je u stasu: to je pitanje visine potpetica. Glupost sa kojom se bučno strmoglavljuju u propast manje-više je istovetna. Po tome se prepoznaju na sceni i sažaljevaju jedni druge, ili strepe od katastrofa koje se tamo predstavljaju. Što se mene tiče, ne znam šta je smešnije, da li nerazumno urlanje Antigone, te nepodnošljive ludakinje, ili kretenizam publike koja, umesto da se uz grohotan smeh i aplauz raduje njenom zatočenju u četiri zida, roni suze za njom.

Ali sve to zamara, a repertoar tragedija je prilično ograničen. Kasnije ću pokušati da se domognem svog neophodnog sledovanja pritvornog veselja (mora biti „pritvorno" jer, s obzirom na broj glupaka, bilo bi opasno otvoreno pokazati kakvo nam veselje pružaju) na olimpijskim igrama. Uobražena divljačnost najboljih mladića, koji se podvrgavaju mukama kako bi se domogli lovorovog venca od kojeg nemaju druge vajde osim da začinjavaju sosove, i lokalistički antagonizam gledalaca (ponosnih što su se rodili u nekom mestu, što je inače prilično obična stvar) zabavljali su me s vremena na vreme, ali olimpijsku uobraženost treba suviše dugo čekati da bi bila zbilja zabavna. Trebalo je pronaći neku svakidašnjiju ekstravaganciju. Nadahnut Aristofanovim invektivama protiv Sokrata, obratio sam se našoj trenutnoj filozofskoj veličini u nadi da on neće izneveriti stremljenja svoga učitelja. Tako sam došao do Platona i njegovog kružoka začaranih učenika. Moram priznati da me do sada nikad nisu razočarali. Stari šarlatan sve zna: zna šta ima s onu stranu ovoga sveta i šta sve ovaj sadrži, koji je najbolji način da se organizuje društvo, tačan broj duša koje ima čovek i gde se one nalaze, šta moramo da mislimo o lepoti, hrabrosti ili pravdi. Ne treba ga čak ni pitati: obožava da iznosi tvrdnje. Dok besedi, baca pohlepne poglede na bokove mladića koji sede najbliže njemu... A hor entuzijasta guta njegove besmislice kao da su božanska ambrozija.

Kako se on trudi da prida sebi značaja, da pretvori u složeno i uzvišeno ono što je puka mučna sitnica, plod slučajnosti i lutanja kojima pokušavamo da ublažimo našu nepopravljivu sudbinu! Kako je besmisleno hteti da se zna ono za šta nemamo niti organa, niti dovoljno vremena da bismo ga spoznali! Pa čak i kada bismo otkrili nešto malo više o stvarnosti, šta to ima veze? Ništa se ne može popraviti, ni u nama, ni u gradu, ni u prirodi. Tek smrt popravlja, ali je to samo zato da bi se odmah ponovila ista greška. Jedini znaci pameti koje je čovek kadar dati od sebe jesu jecaj i grohotan smeh. Pošto onaj prvi obično dolazi nametnut okolnostima, nema boljeg zadatka od traženja prilike za ovaj potonji. Zato se nalazim među ovim čudacima, i slušam Platona. Nadam se da neće otkriti moje motive za sklonost ka filozofiji, jer bi me to prinudilo da potražim neki drugi prizor kojem bih se smejao kako bih ubio dosadu. A, iskreno govoreći, jedva da mi je ostalo novih komičkih oblasti za istraživanje...

Šta kaže Hermija

Dok sam dolazio ovamo sreo sam Meleta i, pošto je on prijatelj moje porodice i poznaje me odmalena, bio sam primoran da ga pozdravim i da izmenjam nekoliko tričavih rečenica sa njime. Ali u sebi sam ga samo proklinjao: dabogda crk'o i puk'o, jarče naduveni! Ovaj bestidni starkelja bio je jedan od glavnih podstrekača optužbe protiv Sokrata. Sram Atine, koji je pogubio najboljeg među svojim građanima i najčasnijeg među ljudima! Ali neće dugo proći dokle on ne bude morao da plati najskuplju cenu za taj zločin. Mi ćemo se za to pobrinuti.

Melet, Anit, svi ti stari ugursuzi koji samo hoće da sačuvaju svoje privilegije, usudili su se da izjave kako je Sokrat bio besramni kvaritelj mladeži. Za njih, jedina neiskvarena mladež jeste ona koja poslušno reprodukuje grad onakav kakav je sada i obožava „mudrost" svojih starijih. Sokrat je, naprotiv, učio mlade jednoj remetilačkoj veštini: *postavljanju pitanja*. Počinje se pitajući, nastavlja se otkrivajući da stariji nemaju odgovora (nego samo rutine i predrasude), kako bi se potom završilo pobunom protiv ustanovljenog stanja. Nisu bili spremni da to dopuste, razume se, i zato je Sokrat morao umreti. Kako bih voleo da sam ga upoznao, slušao, podržavao, branio! Kažu da je učio kako postoje novi bogovi, različiti od onih koji se tradicionalno obožavaju u Atini. Nema sumnje da je tako. Koji su danas atinski bogovi kojima Anit i Melet služe? Trgovina i njene tezge, novac, porodično bogatstvo, taština naših čuvenih „demokratskih sloboda": jednom rečju – *nered*. Budale su isto toliko važne koliko i mudraci kada treba donositi odluke svako živi ima pravo da kaže svoje mišljenje o onome što ne zna; istina i zabluda određuju se prema ukusu većine koja se, opet, upravlja prema sopstvenom hiru ili prema demagogiji sofista. Laž se pretvara u istinu ako pridobije pet hiljada glasova za sebe!

Atinjani se podsmevaju Spartancima zato što su skromni i disciplinovani, zato što ne ukazuju čast beskrajnom naklapanju koje se nama ovde toliko sviđa. Provode život kaleći se kroz žrtve, ne baveći se majstorijama uma niti tetošeći sebe i druge slatkim rečima. Ja verujem kako bi, da je Sokrat hteo da uvede nove bogove, oni u odnosu na sada važeće bogove u Atini bili kao Spartanci u odnosu na nas. Bogovi čvrstine, ispravnosti, pravde odricanja i discipline. Bogovi koji bi dali neopozive zakone umesto što bi podsticali zaludne rasprave. Bogovi bez smešnih slabosti kao što su one o kojima priča Hesiod, bez sramnih ljubakanja, bez hirova. Bogovi razuma jednom rečju, a ne oni čija je misao zbrkana, a koju pesnici hoće da učine zavodljivom. Pre nego što je mogao videti ustoličena ta drugačija božanstva, Sokrat je morao probati gorak ukus kukute. Ali mi ćemo se pobrinuti da njegova smrt ne bude uzaludna.

Dokle ćemo pristajati na to da deca pripadaju roditeljima, umesto da pripadaju Gradu, da budu vaspitavana zarad njegovog sklada? Dokle će žene biti obespravljene u javnim poslovima, koje mnoge od njih mogu izvršavati isto onako prikladno kao i svaki muškarac? Dokle će robovima i strancima biti poricane njihove ljudske sposobnosti, niti bolje niti gore nego kod ostalih članova zajednice? A naročito, dokle će važiti besmisleno pravilo koje dopušta trgovcima da odlučuju o vojnim pitanjima, a ratnicima da daju svoje mišljenje o ekonomiji ili vrlini? Atina se mora iznova oblikovati od temelja do krova. Svako mora zauzeti mesto za koje se pokaže najsposobniji i ograničiti se na to da ispunjava svoje dužnosti, ne zavideći drugima, niti prezren od bilo koga. Vladanje pripada jednima, odbrana drugima, proizvodnja i štednja ostalima. Istinski poredak nije podložan raspravi, kao što se ne može raspravljati ni o nepromenljivom kretanju zvezda.

Mada Sokrat više nije među nama, na svu sreću, još uvek imamo Platona. Verovatno smo sa tom promenom pošli na bolje, jer je Sokrat možda imao previše ironičnog duha i bio preveliki individualista da bi mogao delotvorno povesti u opšti preporod koji nam je potreban. Platon je, naprotiv, pravi državnik, i neće ustuknuti kada kucne čas da se zajednici nametnu neophodne obaveze. Mi ćemo ga podržati: mi koji smo pozvani za filozofiju i za razum, to jest, predodređeni da upravljamo. Za sada moramo nastaviti da se spremamo, učeći i neprimetno ubeđujući nove pristalice da i oni nas podrže kada kucne pravi čas. I oružje skrivamo, jer će, a pre, a kasnije, biti neophodno. Onoga dana kada prilike sazru, povezaćemo se sa Spartancima, uvek raspoloženim za saradnju kako bi prestala sadašnja anarhija koja je u Atini postala endemska. Njihov napad spolja i naša pobuna biće početak nove ere. Žao mi je Meleta i njegovih saučesnika, jer neće doživeti da uživaju u jednodušnom prihvatanju premoći budućnosti.

Šta kaže Fedon

Noćas sam opet sanjao taj san. Nalazio sam se na litici nekakvog levkastog kratera niz koju sam polako silazio, na izvestan način protiv svoje volje. Okruživale su me, međusobno udaljene, mnoge osobe koje su isto tako silazile; njihova lica ostala su prekrivena nekom vrstom veoma tanke gaze (slične nekim vrstama plesni) ali sam među njima prepoznao, ili mi se učinilo da sam prepoznao, svoje roditelje i neke prijatelje. Dole nas je čekalo nešto što je moglo biti crno jezero, mada sačinjeno ne toliko od vode koliko od tečne tame. Sve to je osvetljavala crvena svetlost nekog očajničkog predvečerja. Pokušao sam da se okrenem, da se iznova popnem uz strminu, ali se sudarih sa nekima koji su dolazili za mnom: odgurnuli su me bez mnogo obzira. Hteo sam da povičem neko upozorenje ili buntovnu krilaticu, ali ih je ugušila vlažna i lepljiva gusta paučina koja je prekrivala i moje lice. Nastavio sam nepovratno da se spuštam niz liticu, ali sada *unatraške*. Ne, unatraške je bilo još nepodnošljivije. Radije sam se opet okrenuo licem prema dubokom jezeru, tamo dole, ali već nešto bliže; poželeo sam da se uhvatim za nešto kako bih zaustavio to svoje spuštanje, ali sve se spuštalo sa mnom, ljudi, stenje, žbunje, sve se spuštalo. Bacih se na zemlju, spreman da zarijem nokte u crnicu, i tada primetih da i samo tle klizi ka dnu, u malim ali neprestanim lavinama crnog peska. Jedan beskonačan trenutak puzio sam kao mačka, i uz povike negodovanja se provlačio ka vrhu. Kada bih pogledao u kobnu baruštinu, uz neki užasnut prkos kojim se sada mračno ponosim, uverio sam se da se zejtinjave senke tresu i da se nešto ustremljuje na mene kako bi me povuklo ka dnu.

Probudiše me neki hrapavi krici koji su dolazili iz mog sopstvenog grla, iz mojih lomnih grudi. Znoj je liptao; još i sad se preznojavam kad se toga setim. Jer ništa nije bilo novo, sve to, krater, vrh, mesečari, silazak, sve mi je to poznato jer se ponavlja još od detinjstva. Gledam to uvek iznova, iz noći u noć, u svojim grčevitim snovima, već toliko godina. I sada, iako budan i na dobroćudnoj svetlosti dana, znam previše dobro da i dalje klizim niz strminu bez povratka, kao u košmaru. Možda ću se ove noći konačno utopiti u crnom jezeru na dnu kratera, ili možda sutra, ali zacelo uskoro. Po noći ili po danu, svejedno. Još malo: uvek, od prvog dana kada sam primetio neminovnost, trebalo je još previše malo. Kraj je blizu od trenutka kada shvatimo da će kraja biti.

Neka se drugi zanimaju time što će saznavati broj i sastav zvezda, ili najbolje zakone za Grad, ili u čemu se tačno sastoje pravda i lepota. Ne uznemirava me nijedna od tih poštovanja dostojnih smutnji. Mogu da se pitam samo jedno: kako ljudi uspevaju da se naviknu na smrt koja im neposredno predstoji? To je jedino pitanje koje me zanima da razjasnim, mada je to jedino pitanje *moje* na neki hitan i mučan način, koji ga čini vrednim koliko i sve lažne i surogatne radoznalosti drugih. Znati da je smrt tu, znati sa potpunom sigurnošću da klizimo ka njoj bez predaha, znati da ništa nema drugačiji ishod sem uništenja! I živeti kao da to nije ništa. Kakva duboka mudrost ili kakva neverovatna glupost nam dopuštaju da se poslušno upinjemo u tom ubistvenom samopregoru? Pričaju da je Sokrat počeo da uči flautu u starosti i da je onima koji su ga pitali zašto se tako blizu smrti poduhvatio takvog posla, odgovarao: „Zato da bih znao da sviram flautu kad budem umro". Tu groznu anegdotu ponavljaju sa odvratnim poštovanjem, kao da u njoj leži neka pouka od vrhunske važnosti. Ja to ne mogu da progutam, to u meni izaziva ogorčenje. Nedotupavni stari mamlaz! Kako iko može da se pretvara kako razmišlja o flauti ili o bilo čemu drugom, kad nam mračna plima smrti liže kolena, dopire do naših grudi i nastavlja da se penje i penje?

Jedini koristan nauk iz te pričice na kraju je to što je Sokratov sagovornik još gluplji od odgovora koji je dobio. Ma koliko godina mi imali, smrt je uvek na istoj i nepromenljivoj udaljenosti od nas; utoliko, svaka delatnost – svejedno da li je to sviranje flaute ili odbrana zidina otadžbine ili izmamljivanje naklonosti od lepe Jelene – podjednako je uzaludna, podjednako neobjašnjiva, jer ne uzima u obzir ono što je jedino važno. Onome ko je zaista svestan da će umreti ne priliči nikakav drugi stav osim da bude izbezumljen ili skamenjen; sve ostale radnje mogu se uskladiti samo sa nekom čvrstom užlebljenošću u život koja nama, po definiciji, ne pripada. A ipak, Sokrat vežba na svojoj flauti, Hektor s oduševljenjem zamahuje mačem, Jelena sočno širi noge, i svako tačno obavlja svoje poslove, kao da ih ništa ne tera da sve više i više srljaju ka dnu mračnog kratera. Kakva čarolija im pruža tako bezbrižnu vedrinu?

Svakako, ja za to nisam kadar. Da nisam možda ja jedini ubeđen da ću neizbežno umreti? Da nije smrt neka bolest za koju se ostali samo pretvaraju da je imaju, pa ih se zato jedva i dotiče u svakodnevici, dok sam ja pozvan da je zaista dopadnem, i to na vjeki vjekov? Kao da se svako smatra za besmrtnog i veruje da je smrt stvar drugih; ja se, naprotiv, i danju i noću osećam kao da sam jedina osoba koja će umreti, jedini smrtnik iz preke potrebe. To je razlog mog zbližavanja sa Platonom: pomislio sam da će mi on otkriti melem koji svima nama blaži izvesnost smrti, tajnu lozinku koja omogućava da se radi i da se uživa kao da ne znamo ono što znamo, ono jedino što je važno. Kako sam samo bio naivan, ja koji sam za sebe nekada verovao da sam jedini koji nisam naivan! Platon drži govore, daje svoje mišljenje, poducava, jednom rečju, *zabavlja*, kao i svaki drugi. Najbolji lekovi koje preporučuje protiv užasnog straha od smrti nisu ništa jači od onih koje ima svaki pobožni posetilac hramova. Smrt nije smrt; ono što umire ne umire; ono što se boji smrti, baš to je, vidi ti to, besmrtno. Budimo vrli i zaboravimo na strah koji dolazi svake noći...

Kakav komedijaš! A ja, kakav klipan. Upravo sada, dok ga slušam, ne radim ništa drugo nego baš glupavo vežbam na flauti, dok i dalje srljam i padam u slepo ništavilo.

Šta kaže Speusip

Tišina, tišina već jednom, vi tamo pozadi! Govori učitelj! Te vucibatine uzimaju sebi sve više slobode kad smo na času. Na izvestan način, kriv je sam Platon, jer je suviše liberalan i ne naročito strog kad treba da prenosi svoje učenje. Nije da ja sad hoću tek tako da prihvatim spartanske uzore, ali je izvesno da je minimalna disciplina neophodna kako bi se napredovalo u znanju. Dobro, da budem sasvim otvoren, čini mi se da nama treba malo više od minimalne discipline... Večeras, na primer, počeli smo sastanak sa skoro pola sata zakašnjenja. Stigao sam prvi, zajedno sa učiteljem, a zakašnjenje ostalih primoralo nas je da čekamo u tišini, s dosadom posmatrajući kako teče Ilis, sve dok se ostali gospodičići nisu udostojili da se pojave. Neka mi niko ne govori kako je to nevažna stvar, jer ta nepristojnost ponovila se već nekoliko puta. Barem tačnošću, pažnjom i tišinom morali bi pokazati dužnu zahvalnost zbog povlastice koja im se dodeljuje.

Ima i drugih neumesnih stvari, ne promaknu one meni. Neki tokom celog predavanja lebde u oblacima, nesposobni i za najmanji komentar. Ničim ne pokazuju da im je od koristi učiteljski napor kojim su udostojeni. Platon, uvek previše velikodušan ili zadubljen u sopstvene reči, i ne pokušava da podvrgne svoje učenike ni najpovršnijoj proveri. Ali ja s vremena na vreme vešto postavljam neočekivana pitanja onim najodsutnijima, i stavljam do znanja da niti znaju o čemu se priča, niti ih to i zanima. Dolaze da ubiju vreme ili da se prave važni, ali filozofija ih u krajnjoj liniji uopšte ne zanima. Drugi, naprotiv, samo hoće da se prave pametni i koriste svaku priliku da opovrgavaju – ponekad čak i drsko – teorije moga ujaka. Ne znam da li sam to ranije rekao, ali Platon je moj rođeni ujak. Ovi obesni mladići uvek imaju nešto da prigovore i uživaju u tome da postavljaju zagonetke, podsmešljivim tonom, ili da se smejulje i klimaju glavom na bedne kritike koje njihovi drugovi upućuju učitelju. Kao da ne dolaze ovamo da bi učili nego da bi podučavali. A Platon ih sve sluša toliko strpljivo i odgovara im tako ljubazno da se oni osećaju ponosni jer bezmalo veruju da su ga doveli u škripac...

Po mome mišljenju, časovi bi se morali voditi drugačije. Ponekad veliki ljudi nemaju osećaj za organizaciju, i bojim se da je to i Platonov nedostatak. Moja krilatica je sasvim jasna: vreme treba iskoristiti. Ne može se rasipati mudrost sa onima koji nisu kadri da izvuku koristi iz nje, ili sa onima koji samo hoće da pokažu svoju duhovitost kroz beznačajne prepirke. Izbor slušalaca morao bi biti mnogo stroži: s vremena na vreme, neki primeren ispit omogućio bi da se odbace oni koji ne ispunjavaju zahtev da dostojno iskoriste svoju ulogu. A takođe bi bilo dobro lišiti se onih koji večito imaju nešto protiv. Na kraju krajeva, Platon nije neko ko naprosto izbacuje dosetke, nego otkriva istine jedne nauke koja, da bi se naučila, zahteva pre svega pažnju i raspoloženje, poslušnost. Onaj ko hoće sistematski da raspravlja ili da zbija šalu može otići na agoru, gde mu neće nedostajati prilike da se pokaže.

Na izvestan način i sam učitelj, zbog načina na koji izlaže ideje, nehotični je krivac za nevolje o kojima govorim. Ponekad suviše odluta, ili se ponavlja, ili iznenada uvede teme i pitanja kojima bi trebalo pažljivije pristupiti. Učenje nastaje u skokovima umesto da polako oblikuje jedno neopozivo, artikulisano telo. Očigledno bi poučnije bilo smenjivati časove na kojima bi se ponavljalo ono što je pređeno sa onima u kojima bi se uvodili novi pojmovi.

Ako je njemu dosadno da ponavlja ono što je već rečeno radi konačnog utvrđivanja, meni ne bi bilo teško da to činim umesto njega, i već sam ponudio svoje usluge onima koji bi želeli dodatne časove. Za sada su se izgleda samo dvojica zainteresovala da slušaju moj seminar, ali su došli sa toliko neozbiljnim stavom da su me naterali da odmah odustanem od svoje namere. Međutim, ubeđen sam da će pre ili kasnije moje dodatne časove tražiti oni koji se brinu da zaista nauče Platonovu doktrinu.

A korpus te doktrine jeste ono što se ne sme izgubiti u pukim povremenim predavanjima u prirodi. Ne može se postati mudrac kao da ste otišli na letovanje... Osim toga, mnogi po našim trgovima nude svoje sklepane filozofske proizvode, ali je Platon samo jedan. Treba uvesti strog raspored časova i predavati nekoliko temeljnih ideja koje se ne mogu dovesti u pitanje, pa i po cenu da budem izbačen iz Platonove škole. Mi koji smo učili od Platona moramo biti kadri da se razlikujemo od ostalih. Jednoga dana će drugi ljudi slušati nas, pa moramo utvrditi određene osobene znakove koji će nam jemčiti za čistotu i autentičnost naše poruke. Jednom rečju, treba uvesti *nadzor*, kako nad samim učenjem, tako i nad učenicima. Čak mi se čini da je zgodno uvesti neku vrstu ekonomske naknade od strane slušalaca, ne kao platu za primljeno znanje (dole koristoljubivi sofisti!) nego da bi se pokrili troškovi održavanja i da bi se nadoknadila danguba učenih profesora. Iskreno govoreći, iako mi je teško da to priznam, ne verujem da je Platon sposoban da obavi te nužne reforme naše male akademske zajednice.

A to me dovodi do onoga najvažnijeg. Doći će dan (daj bože da to bude što kasnije!) kada će Platon izostati usled više sile prirode. Tada će neko morati da ga zameni: svi ljudi, pa čak i on (s razlogom nazvan „božanski") moraju umreti, ali Akademija mora nastaviti svoj rad u korist znanja. Ko će zauzeti to mesto, upražnjeno, a od dalekosežne važnosti? Znam da ima raznih kandidata, ali, iskreno rečeno, ne čini mi se da ijedan ispunjava sve uslove koji se mogu tražiti. Jedni su previše lakomisleni, a drugi, kao glasoviti Aristotel, imaju toliko svojih misli da ne mogu očuvati učiteljeve ideje. Mesto upravnika zahteva nekoga istovremeno strogog i strogo vernog. Bez daljeg okolišenja: dobrovoljno se prijavljujem. Na kraju krajeva – zar to već nisam rekao? – ja sam učiteljev sestrić, a to zvanje nije svakome na dohvat.

Epilog

Dvanaest monologa koji prethode ni na koji način nemaju nameru da satvore, čak ni približno, tumačenje Platonove filozofije. Sastavio sam ih pribegavajući samo najosnovnijem kritičkom aparatu: jedina knjiga koju sam iznova pročitao za ovu priliku bila je *Plato and Platonism* Voltera Pejtera (objavljena 1893.) iz hirovitog razloga što mi se čini verovatnim da ju je konsultovao i Žan Delvil, pre nego što je naslikao sliku o kojoj sam govorio. Mnjenja koja stavljam u usta učenika izmišljena su, kao i njihovi profili, čak i kod onih koji nose istorijski najdokumentovanija imena, kao što su Dionizije, Aristotel ili Speusip (to što sam ovog poslednjeg uključio imam da zahvalim predlogu moje prijateljice Amalije Valkarsel). Ako neko želi da ih identifikuje sa likovima sa slike, preciziraću da sam, dok sam pisao, sledio svoje nadahnuće sleva nadesno. Moja jedina namera bila je da sastavim jednu zabavnu refleksiju za obrazovane dokoličare. Nešto jasno, kratko i zvonko, kao zvuk koji stvara lupkanje noktom po ivici čaše od finog stakla.

Beleška o piscu

Najpoznatiji kao esejista (sam sebe naziva Aleksandrom Dimom španskog eseja), kolumnista *El Paisa* i direktor uglednog časopisa za filozofiju *Klaves*, Fernando Savater piše i romane (*Haron čeka, Jovov dnevnik*) pripovetke (*Vazdušna stvorenja, Strasne epizode*) i dramske komade (*Dođi u Sinapiju, Poslednje iskrcavanje, Katon*). Prevodio je Bataja, Siorana, Didroa, Voltera. Među desetinama esejističkih knjiga koje je Savater napisao, pomenimo *Poziv na etiku, Protiv otadžbina, Politeistički spisi, Država i njena stvorenja, Apologija sofiste*.

Anarhoidnih političkih uverenja, u vreme Frankove diktature bio je zatvaran, kao student, 1969. godine, a početkom sedamdesetih izbačen je sa mesta predavača zajedno sa grupom profesora Katedre za filozofiju Autonomnog Univerziteta u Madridu. Sada je profesor na Univerzitetu u rodnom San Sebastijanu.

Savater filozofiju smatra književnim žanrom, pod čime podrazumeva „odbacivanje racionalnog u korist estetičkog, odbijanje da se radi *ozbiljan* posao". Ono što ga pre svega zanima jeste da istakne odnos mislioca prema *tekstu* kojim se služi, smatrajući da njegova opsesija, njegovo oružje i njegovo ograničenje jeste retorika.

Pritom Savater smatra kako to što filozofiju smešta među književne žanrove uopšte ne znači odricanje od onoga što se pretenciozno naziva „istina" ili „saznanje", ali i pretpostavlja priznanje da je filozofiranje jedan od „luksuza za koje nema opravdanja, no koji su neophodni, i kojima hoće da se bavi ona mešavina propisa i vrednosnih tablica koja se zove *estetika*".

„Filozofija je pre svega oblik *pisanja*. Svakog mislioca diskvalifikovala bi činjenica da to njeno svojstvo zanemaruje ili potcenjuje. Filozofija, dakle, pretpostavlja zauzimanje stava *u korist reči*", pisao je Savater 1973. godine.

A. M. M.

Fernando Savater
PLATONOVA ŠKOLA

Glavni urednik
Jovica Aćin

Lektor i korektor
Miladin Ćulafić

Design
Nenad Čonkić

Realizacija
Aljoša Lazović

Izdavačko preduzeće
RAD
Beograd, Dečanska 12

Za izdavača
Zoran Vučić

Priprema teksta
Grafički studio *RAD*

Štampa
Codex comerce, Beograd

CIP – Каталогизација у публикацији
Народна библиотека Србије, Београд

860-4

САВАТЕР, Фернандо
 Platonova škola / Fernando Savater ; [prevela sa španskog Aleksandra Mančić Milić]. – Beograd : Rad, 1998 (Beograd : Codex comerce). – 80 str. ; 21 cm. – (Biblioteka Pečat / Rad, Beograd)

Prevod dela: La escuela de Platón. – Beleška o piscu: str. 79.

ISBN 86-09-00585-2

ID=68070156

www.ingramcontent.com/pod-product-compliance
Lightning Source LLC
LaVergne TN
LVHW020059090426
835510LV00040B/2646